지도방법과 극본집

# 하나되고 소통하는 연극 만들기

### 황소연 지음

박영
story

# 머리말

연극은 아동과 청소년들에게 자신의 미래에 대한 긍정적 비전과 꿈을 가질 수 있는 창조의 산물입니다. 21세기 포스트 코로나 시대를 살아가는 이들에게 세상과 원활한 소통을 할 수 있는 미적체험은 예술적 감각을 키우는 동시에 삶의 가치관을 가지게 합니다. 현재 전국의 초등학교, 중학교에서는 예술과 문화에 대한 관심이 나날이 높아지면서 다양한 예술 창작활동들이 이뤄지고 있습니다. 대다수의 학교에서 예술 프로그램으로 교육연극 관련 강좌를 개설하고 수업 후반부에는 공연을 올리기 위한 학습 목표를 세웁니다. 전반적인 수업내용은 담임 선생님과 연극예술강사님의 협력하에 진행하고 있습니다.

"강사님, 반 전체가 모두 등장하는 연극 극본은 어디서 구할 수 있나요? 아동, 청소년용 극본은 찾기가 정말 힘드네요. 강사님께서 극본 좀 써 주시면 안 될까요?"

여러 해 동안 강의를 하며 선생님들께서 아동, 청소년들을 대상으로 한 극본을 참고할 만한 서적이 없고 연극이론의 현학적 표현으로 이해가 어렵다는 안타까운 모습을 많이 보았습니다. 요즘 학생들이 폭넓게 공감대를 형성할 수 있는 소재의 극본이 필요하다고 극본 창작을 간곡하게 요청하셨습니다. 저자는 실제 학교 현장에서 다수 공연지도를 하며 현시대가 요구하는 미적체험의 방식을 연극의 학습모형으로 접근하여 선생님들과 고학년 초등학생, 중학생이 함께 연극을 만드는 방법을 알리고자 책을 집필하게 되었습니다. 학생들에게 호흡·발성·발음하기, 극본 읽기와 말하기, 감정 표현하기, 무대 활용과 동선 만들기, 장면별 배경음악 선정하기, 소품과 의상 만들기, 합리적 토의기술, 극본 창작하기 등을 지도할 수 있는 효과적인 연기예술 교육방법과 다양한 소재의 극본이 수록되어 있어 연극학 전공자 혹은 숙련된 연극예술강사가 아니더라도 누구나 쉽게 연극을 만들 수 있습니다. 이 책에서는 지도하시는 분들을 총칭하는 용어로 선생님을 사용했습니다.

책의 구성은 크게 두 챕터로 구분하였습니다. 첫 번째 챕터는 기본, 중급, 고급, 심화, 정리의 단계별 연기지도방법을 자세히 작성하였습니다. 이 챕터에서 소개하는 연극연습과 연극 만들기의 대상은 초등학생 고학년만으로 국한하는 것이 아닌 중학생들까지 적용이 가능합니다. 학생들과 연극공연을 위한 연습은 획일적으로 극본을 읽고 동선을 익히며 장면을 만드는 커리큘럼보다 기본단계부터 정리단계까지 순차적인 과정을 몸소 체험함으로써 수업의 결과물을 창출할 수 있는 문화예술교육의 의의가 있습니다. 공연 지도의 수업은 연극이론과 실기를 적절히 통합한 예술교육이 필요합니다. 연극에서 통용하는 전문 용어들은 아동, 청소년들이 수용하는 데 어려운 영어표현이 많은 관계로 우리말을 활용해 이해하기 쉬운 용어로 대체하였습니다. 듣기만 해도 부담스럽게 느껴지는 무대 호흡법, 발음법, 발성법, 생동감 있게 말하기 방법, 속도, 감정, 움직임 따라 대사 읽는 방법을 놀이형식으로 개발하여 학생들이 흥미를 느끼고 능동적으로 연극연습에 참여할 수 있도록 하였습니다. 저자는 신경(뇌)과학과 연기예술의 이론을 융합한 실제적인 지도방법을 심도 있게 연구하고 프로그램을 자체 개발하였습니다. 아동, 청소년들은 프로그램 활동을 하며 이성과 감성을 균형적으로 조화롭게 이루고 나아가 건강한 신체, 건강한 감정으로 성장할 수 있습니다. 특히 코로나 시대에 접어들면서 마스크 착용으로 수업 시간 내 질문과 발표의 말하기 활동조차 어려운 실정입니다. 연극연습에서 학습한 내용을 바탕으로 정규 교과목의 수업 시간에도 실제 적용이 가능합니다. 큰 목소리, 정확한 발음, 바른 자세를 가지고 자신감 있게 발표하기 활동과 상대의 말을 경청하고 주제에 따른 합리적인 의견을 도출하는 학습활동으로 이끌 수 있습니다. 단순히 연극의 배우가 되는 것을 체험하는 수업이 아닌 말하는 사람은 발표자가 되고 듣는 사람은 청중이 되어 올바른 관람 방법도 학습할 수 있습니다. 또한 학생들과 함께 대사 읽기 연습과 동시에 기본적인 무대 위의 위치와 동선 만들기의 방법을 익히는 연습을 소개하며 연극의 무대를 자연스럽게 접할 수 있습니다. 극본의 장면별 다양한 동선 만들기의 예시 그림을 보고 교실에서 학생들과 함께 연습하는 방법도 구체적으로 제시되어 있습니다. 연극연습을 하다 보면 학생들은 장면 흐름에 맞는 배경음악과 자신이 맡은 역할의 소품이나 의상에 큰 관심이 보입니다. 저자는 어느 정도 기초적인 연극연습단계가 진행될 무렵 심화단계에서 학생들과 음악을 듣고 부르며 연극에서 음악의 효과를 간접적으로 체험할 수 있게 구성하였습니다. 극본의 주제와 어울리고 무엇보다 문화예술의 감수성을 향상할 수 있는 음악을 선곡하였습니다. 단, 음악과 함께 장면의 분위기를 조성할 수 있는 조명의 활용은 학교마다 공연하는 장소의 사정이 달라 수록하지 않았다는 점을 이해 바랍니다. 학생들이 각자 맡은 역할을 사실적으로 표현하기 위해 손수 만든 소품부터 시작하여 선생님들께서 최저 예산으로 소품과 의상을 구매하거나 만들 수 있는 다양한 사례들도 열거하였습니다. 그리고 공연을 올린 후 그동안 단계별 연극연습 과정을 체험하며 느낀 바를 공유하고 토의하는 시간을 마련해 연극의 완성도 혹은 크고 작은 역할을 맡는 데 집중하기보다 서로가 마음과 힘을 합쳐 협동심으로 똘똘 뭉쳐 만든 공연에 책임감과 자신감을 부여할 수 있습니다.

두 번째 챕터에서는 그동안 여러 해 학교, 사회복지관, 지역아동센터, 비영리 교육기관에 출강하며 쌓은 연극연출의 노하우를 바탕으로 순수 창작한 총 7편의 극본을 수록하였습니다. 수록된 극본 가운데 『나빌레라』와 『행복 기차로 떠나는 인생 여행－제목변경』은 학생들과 함께 6개월 동안 땀 흘려 연습하고 청소년 연극제에 출전하여 공감상과 재능상을 수상한 작품입니다. 극본은 학교에서 반 전체의 평균 최소인원 16명부터 최대인원 25명까지 고려해 역할을 설정했고 학급별로 소요 시간 20~25분 내외의 연극공연에서 모든 학생들이 무대 위에 등장할 수 있도록 대사를 창작했습니다. 무엇보다 학급마다 특수아동이 있는 경우 선생님들께서 연극의 역할선정에 어려움을 경험하실 때가 있을 것입니다. 특수아동이 역할을 맡아 연극에 참여할 수 있도록 수록된 극본마다 등장인물을 설정하였습니다. 저자의 개인적인 의견이지만 교육은 누구에게나 평등하게 이뤄져야 하고 협력을 우선시하는 연극 수업에서 연극강사가 반드시 고찰해야 할 교육철학이라 생각합니다. 특수아동의 정도에 따라 특수교사의 도움이 필요할 수 있겠지만 이들에게도 무대에 설 수 있는 기회가 주어져야 할 것입니다. 극본의 소재는 우리가 상상·도전·희망하는 꿈, 행복한 인생 이야기, 고민거리 타파, 학교폭력 근절, 위안부의 역사적 아픔 나누기, 고치고 싶은 습관의 해결 방법, 신경(뇌)과학과 예술의 운명적 만남으로 구성하였습니다. 학생들이 공감할 수 있도록 일상생활에서 자주 사용하면 아름다운 우리말과 유행하는 문화 및 이슈를 극본의 대사에 담았습니다. 특히 학생들이 상식으로 알면 유용한 뇌의학 및 신경과학의 개념, 용어의 이론을 이해하기 쉽게 창작했습니다. 다 함께 극본을 읽으며 아동, 청소년기에 갖춰야 할 인문학 및 과학적 소양을 함양할 수 있습니다. 모든 극본에 등장하는 인물들의 성격과 특성을 적절히 비유하여 역할명을 설정하였기 때문에 학생들은 머릿속으로 인물을 그려보며 다양한 페르소나를 마음껏 창조하게 될 것입니다. 반드시 연극공연을 목적으로 한 수업이 아닌 선생님들께서 수록된 극본 일부를 발췌해 부분 개작하고 조를 편성하여 학생들이 각자 역할을 분담 후 직접 장면을 만들어보고 발표하는 방식으로 수업을 진행하는 것도 추천합니다. 그뿐만 아니라 정해진 수업 시간 내에 장면을 떠올려 상상하며 극본을 소리 내어 읽고 난 후 어떤 느낌과 감정이 들었는지 혹은 극본의 내용을 토대로 깨달은 점에 대해 자신의 견해를 토의하며 원활한 상호작용의 의미를 깨달을 수 있습니다.

책에서 소개하는 지도방법과 극본을 바탕으로 일선 학교에 재직 중인 선생님들을 비롯한 연극강사분들이 학생들과 공연을 준비하기 위한 교재로서 조금이나마 도움이 되었으면 합니다. 예술강사의 도움 없이 직접 연기를 지도하고 싶은 학교 선생님들과 공연에 관심이 있는 분들께도 지침서가 되어 학생들의 창의성과 감수성에 날개를 달아 주시길 기원합니다. 연극영화과에 입학하여 3학년 정도가 되면 졸업 후 진로를 고민합니다. 연일 지속되는 코로나로 인해 공연예술계가 위기에 처해있어 전국의 연극영화과 재학생 및 졸업생들은 미래의 진로에 대한 걱정은 날로 커지고 있습니다. 연기예술만을 바라보고 연기를 사랑하는 연극영화과 전공자들에게 교육자도 비전이 있는 길임을 안내하며 연기교육의 밑거름으로 자리 잡길 바랍니다. 그 외에도 요즘은 자신감, 표현력, 발표력, 리더십 향상을 위해 초등학교 때부터 연기 혹은 스피치, 논술학원에 다니는 학생들이 점차 증가하고 있습니다. 학원강사분들도 연극을 활용해 듣기, 읽기, 말하기, 쓰기의 학습까지 폭넓게 지도할 수 있습니다. 어느 분야를 막론하고 연기지도법을 알지 못해 고민하는 많은 선생님 혹은 아동·청소년 심리치료사, 상담사님들께도 적게나마 참고서적이 된다면 바랄 게 없겠습니다. 책의 제목처럼 선생님들과 학생들이 연극으로 하나되고 소통하는 즐거운 시간이 되길 진심으로 희망합니다.

이 책이 나오기까지 많은 분께 마음의 빚을 졌습니다. 출판을 흔쾌히 승인하신 박영스토리에 깊은 감사의 말씀 드립니다. 영감의 원천을 준 사랑하는 친구들, "이 책의 주인공은 바로 너희들이야!" 여러 해 동안 연극강사로 활동하며 아동, 청소년과 연극을 만들도록 멋진 무대를 마련해주신 교원분들께 감사드립니다. 코로나 시대, 교육 현장에서 학생들의 안전하고 즐거운 문화예술교육 체험활동을 위해 여러모로 도움을 주신 많은 선생님께도 진심으로 감사드립니다.

어릴 적 불우한 가정환경으로 학업보다 생활전선에 뛰어드신 부모님은 본인이 노력하면 세상을 향해 보여주고 증명할 수 있다는 도전 의식과 삶의 지혜를 선물로 주셨습니다. 존경하는 부모님께 이 책으로 조금이나마 보답하고 싶습니다. 항상 겸손한 자세로 학문에 정진하는 교육자가 되도록 노력하겠습니다.

2022년 평온한 일상이 오기를 소망하며……
황소연

# 축사문

최지영 회장

무엇보다도 아동, 청소년 대상의 연극 경험에 대한 책을 만나게 된 것이 반갑습니다.

아동, 청소년을 대상으로 한 연극 경험은 그 범위가 다양합니다. 참여자들의 자연스러운 발현을 이끌어내는 놀이프로그램, 참여자들의 상상력을 이끌어내어 주제를 탐색해가는 과정중심 프로그램들, 즉흥을 기반으로 한 미적체험 프로그램, 그리고 기존의 제작방식을 기반으로 한 연극 만들기 프로그램 등이 현장에서 이루어지고 있습니다.

특히, 예술강사 파견 시스템을 기반으로 하는 우리나라의 문화예술교육 생태계에서는 학생과 참여자들의 구체적인 연극 만들기에 대한 안내와 방법론이 갈급한 실정이지요. 또한 초등 고학년과 중등 학생들을 대상으로 한 섬세하고 자세한 연극 만들기 지도방법론, 그리고 아동, 청소년들과 함께 할 수 있는 극본에 대한 요구사항들은 항상 교육 현장에서의 우선적인 요구입니다.

이러한 상황에서, 이번에 발간된 『하나되고 소통하는 연극 만들기: 아동·청소년의 연극공연을 위한 지도방법과 극본집』은 교육 현장에서의 1차적인 요구를 해소할 수 있는 유용한 자료가 될 것으로 생각합니다. 더군다나 학교, 사회복지관, 지역아동센터, 비영리 교육기관 등에서 연기지도와 함께 연극치료 과정을 통해 직접 참여자들과 부대끼며 만들어낸 12년여의 다양한 공연연출의 경험들 속에서 정리된 자료라는 점이 더욱 소중하다고 느껴집니다.

아동과 청소년들을 위한 효과적인 자료를 만나게 된 것과 함께 또 한 명의 열정적인 예술교육가를 만나게 된 것도 반갑고 소중합니다. 예술교육 현장에는 열심히 활동하는 예술강사들이 넘쳐납니다. 그러나 열성적인 활동에 비해 자신의 활동을 성찰하고 기록하여 전문가로서의 맥락을 잡아가기란 쉽지 않습니다. 현장에서의 경험을 바탕으로 섬세하고 철저한 기록과 검증을 통해 자신만의 방법론을 만들어가는 자세와 노력이 예술교육가를 성장하게 하는 관건이라 생각합니다. 이러한 점에서 황소연 선생님의 저서는 예술교육 현장에서 함께 활동하는 예술교육가들에게도 큰 도전과 자극이 될 것입니다.

이 책을 통해 문화예술교육 현장의 교사 및 예술강사들이 연극 만들기의 구체적인 방법과 과정에 좀 더 손쉽게 다가갈 수 있으리라 기대합니다. 아동과 청소년들 또한 보다 즐겁게 연극 만들기의 경험을 만나게 될 수 있겠죠? 더 나아가 이 책에서 소개하고 있는 연극 만들기의 경험이 더욱 다양한 연극 경험, 즉흥을 기반으로 한 과정중심의 연극 경험을 이끌어내는 즐거운 통로이자 매체로 확대될 수 있기를 바랍니다.

열정적인 노고를 통해 값진 책을 발간하게 된 황소연 선생님, 축하합니다.

**최지영 회장**은 Drama specialist로 활동하고 있는 교육연극 전문가이다. 현재 한국교육연극학회 회장과 예술로 커뮤니티 씨어터 협동조합 이사장을 맡고 있다.
대표 저서로는 『드라마 스페셜리스트가 되자-과정중심의 연극 만들기』와 『과정중심연극으로서의 교육연극』이 있다.

# 추천사

김종성 교수

수천 년 전 고대 이집트 사람들은 우리의 감정이나 생각이 심장에서 나오는 줄로 생각했다. 뇌는 중요하지 않은 장기로 여겼다. 따라서 그들이 미라를 만들 때 뇌 조직은 꺼낸 후 버리고 말았다. 반면 신이 죽은 사람이 평소 행한 선과 악을 측정하기 위해 심장의 무게를 재는 것으로 생각하여 심장조직은 버리지 않았다. 오랜 시간이 흐른 후 그리스의 히포크라테스는 우리의 마음이 심장이 아니라 뇌에서 나오는 것으로 주장했다. 그러나 사람들이 이 생각을 확신하게 된 것은 오랜 중세 시대를 건너 극히 최근의 일이다. 기초 뇌과학의 발달과 더불어 CT, MRI 등 뇌 영상술이 발전하면서 우리는 뇌에 관한 많은 것을 알게 되었다. 뇌는 우리 행동의 모든 것을 관장하는 장기이다. 숨쉬고 맥박이 뛰는 기본적인 기능을 넘어 인간의 감각, 운동, 감정형성, 말하기, 사고, 판단을 모두 조절한다. 뇌는 바로 우리 자신이다. 꼭두각시 인형의 행동도 결국 인간에 의해 움직이는 것처럼 뇌는 뇌 신경을 통해 우리를 조절하고 있는 것이다. 우리의 모든 행동은 뇌가 조절하므로 가장 인간적인 행위라 할 수 있는 예술 행위도 예외가 아니다. 즉 뇌가 감정, 사고, 창조 등의 기능을 사용하여 만들어내는 것이다. 연극도 물론 그렇다. 간혹 연극을 관람하면서 인간의 희로애락에 기반한 연기를 창조하는 배우들을 바라보고 있으면 작가와 연출가가 연극을 통해 뇌의 작동을 표현하는 게 아닐까? 하는 생각이 든다. 물론 이것은 뇌과학자의 과잉 해석일 수도 있다.

뇌과학자 이전에 일반 독자가 되어 읽은 황소연 저자의 이 책은 일단 기발하고 매력적이다. 통통 튀고 반짝이는 독창적인 단어와 문장이 가득한 극본을 읽다 보면 선생님과 아동, 청소년들이 무대 위에서 연극을 하고 싶은 마음이 저절로 들 것만 같다. 이와 더불어 아동, 청소년들에게 적절한 연기예술지도법을 이해하기 쉬운 말로 친절하게 풀어놓았다. 인문학 및 예술학에 대한 깊은 조예로 진정한 연극인, 연출가이자 교육자라는 사실은 잘 알고 있었지만 이처럼 뛰어난 작가인 줄은 처음 알았다. 평소 뇌과학에 관심이 많았던 저자는 뇌과학과 연극학을 통합한 교육법을 꾸준히 개발해온 것으로 알고 있다. 나는 신경과 의사이고 연극학 전공자는 아니기에 감히 연극을 평론할 자격은 없지만, 저자가 쓴 의학 내용에 대한 정확성은 검증할 수 있다. 신경과학은 복잡하고 방대한 우주 같은 존재이자 블루오션이다. 일단 그 용어부터 생소해 사람들이 늘 어렵게 생각한다. 하지만 이 책은 포괄적인 뇌의 구조와 기능, 대표적인 뇌의 질환(뇌졸중, 치매)도 소개하되 전혀 어렵지 않게 작성되어 있다. 특히 책의 두 번째 챕터에 수록된 극본『뇌 안의 예술』을 통해 학생들이 연극을 하는 동안 저절로 뇌의 용어와 개념을 어렵지 않게 지각할 수 있을 것이다. 아동, 청소년의 눈높이에 맞게 창의력을 신장할 수 있는 뇌과학을 조화롭게 적용한 연기지도법뿐 아니라 극본 속에 뇌의 지식이 적절히 녹아 들어있기 때문이다.

이 책은 학생들을 교육하는 선생님들, 연기예술을 전공한 선생님들, 아동·청소년 심리치료사들에게 도움이 되고 학생들에게 문화예술의 본질은 물론 뇌과학의 배경지식까지 동시에 교육할 수 있다는 강점이 있다. 학생들은 연극을 만들며 공감적 정서와 바른 인성을 함양하고 학생들을 교육하는 선생님들께서도 예술을 포함한 인간의 모든 행동이 뇌의 뇌간, 변연계, 신피질의 조화로 인해 이루어진다는 사실을 깨닫고 점차 세상을 새로운 눈으로 바라보게 될 것이다. 무엇보다도 자라나는 학생들의 뇌 특히 전두엽을 발달시킴으로써 좀 더 인간적인, 성숙한 사회가 이루어진다는 기회를 마주하게 될 것이다. 아동, 청소년들을 지도하는 모든 분께 이 책을 권한다.

**김종성 교수**는 경기고등학교와 서울대학교 의과대학 및 동 대학원을 졸업하였고 현재 서울아산병원 신경과 교수로 재직 중에 있다. 세계적인 뇌과학 권위자이자 대한의사협회가 발표한 노벨의학상에 가장 근접한 한국인이다. 국내외 명성있는 의학 학술지에 SCI논문 450편, KCI논문 125편 이상을 게재하고 함춘의학상, 우수의과학상, 분쉬의학상, 의사문학상, 아산의학상 등을 수상하며 대한민국의 의료계 위상을 드높였다. 의학 전공자이지만 문인 못지 않은 글쓰기 실력은 대중서 집필로 이어져 뇌과학자의 시선에서 예술을 바라보는 작가로도 널리 알려져 있다. 대표 저서로는 스테디셀러 『춤추는 뇌』, 『신경과 의사 김종성, 영화를 보다』, 『뇌과학 여행자』, 『뇌에 대한 풀리지 않는 의문들』, 『뇌과학 여행, 브레인 인사이드』, 『청소년을 위한 뇌과학-감수』 등이 있다. 저서 『뇌에 대한 풀리지 않는 의문들』의 내용 가운데 '잠은 왜 잘까'는 중학교 2학년 국어 교과서에 실려 있다.

# 차 례

## Chapter 01
## 연극공연을 위한 단계별 지도방법

# Chapter 02

## 연극공연을 위한 극본집

"우린 다 함께 학교라는 무대에서 하나되고
소통하는 연극을 만들 거야!"

Chapter 01

연극공연을 위한 단계별 지도방법

정리단계

심화단계

고급단계

중급단계

기본단계

# 기본단계

(1) 무대 아래 연극연습부터
    무대 위 연극공연을 창조하는 과정까지

**"얘들아, 우리 연극하자!"**

초등학생 고학년생들이나 중학생들에게 함께 연극을 하자고 제안하면 반에서 보통 20명 가운데 10명은 자기표현이 부담스럽다는 반응과 5명은 무표정을 짓고 나머지 5명은 주인공 혹은 대사가 많은 비중 있는 역할에 관심을 보입니다. 그렇다면 대다수 아동, 청소년들이 연극에 대해 왜 이런 소극적인 반응을 보일까요? 아마도 **"과연 내가 할 수 있을까?", "난 수업 시간에 발표도 잘 못 하는데……." "배우는 타고난 재능을 가진 사람이 하는 거니까!"** 등의 단편적인 생각으로 연극은 왠지 평범한 사람이 아닌 뭔가 비범한 사람 혹은 특별한 사람이 하는 것이라 바라보기 때문으로 여겨집니다.

학생들은 프로 배우가 아니기에 목소리 크기, 발음, 동작, 표정 등 연기의 기술적인 면에서 서투를 수 있습니다. 그러므로 선생님께서 학생들과 연극연습을 하기 전 반드시 **"실수하면 뭐 어때? 괜찮아, 계속 도전하는 거야!"**라는 말과 함께 자신감을 심어주는 것이 중요합니다. 학생들이 프로 배우보다 더 우수한 면을 꼽으라면 단연코 창의성이라 말할 수 있습니다. 좋든 싫든 우선 역할을 맡게 되면 순수한 눈높이로 등장인물을 바라보고 최대한 자신이 할 수 있는 표현력으로 역량을 발휘합니다. 예를 들어 반 친구들 앞에서 극본 읽는 행위가 멋쩍은 학생은 일부러 목소리의 톤을 높게 올려 대사를 읽기도 하고 아이돌 춤을 좋아하는 학생은 대사하며 중간중간에 재미있는 동작을 취합니다. 형식적인 틀 안에서 벗어나 자유로운 감정 상태를 표현할 때 비로소 연극을 하는 즐거움을 느끼며 다양한 페르소나를 표현합니다. 이처럼 연극은 특별하고 뛰어난 사람만의 전유물이 아닌 나도 너도 그리고 우리가 모두 할 수 있습니다. 학생들과 마음의 약속을 주고받는 것으로 본격적인 연극 연습의 첫 단계가 이뤄집니다. 이 단계를 통해 선생님과 학생들, 학생들과 연극과의 관계에서 끈끈한 라포르 형성(공감대 및 친밀감 형성)이 맺어집니다.

> 첫째, 한마음으로 움직이기
> 둘째, 한마음으로 소통하기
> 셋째, 한마음으로 단합하기

### 마음의 약속

우리 반은 무대 위에 멋진 연극공연을 창조하기 위해 다음 세 가지의 약속을 합니다.

첫째, 한마음으로 움직이기
둘째, 한마음으로 소통하기
셋째, 한마음으로 단합하기

우리는 다 함께 한마음이 되어 연극연습에 적극적으로 참여할 것입니다.

앞으로 서로에게 아낌없는 칭찬과 응원을 해주며 연극으로 하나되고 소통하는 시간이 되었으면 좋겠습니다.

20_____년 _____월 _____일 _____요일    이름: _____ (사인)

이와 같이 마음의 약속을 소리 내어 선언하고 앞으로 함께 극본을 읽고 장면 만들기를 연습하는 동안 연극이 무엇인가를 체험하게 되고 반복적인 연습 과정에서 협동하고 소통하며 자신도 모르는 사이에 열정의 꽃이 마음속에서 피어나 멋진 연극 정원을 만들게 됩니다. 반 전체가 마음의 세 가지 약속을 정했다면 다음은 각자 성취하고자 하는 목표나 지켜야 할 규칙에 대해 문구와 문장으로 자유롭게 작성하게 합니다. 학생들이 작성한 목표들의 유형은 다양합니다. 그 사례들은 다음과 같습니다.

---

친구들과 즐기면서 추억을 만들고,
선생님이랑 많이 친해지고 싶다.

---

선생님 저는 사실 소심해요.
앞으로 나가 연극을 잘 못 해요.
목표는 앞으로 나가서
자신감 있게 연극을 해볼게요.

---

친구들 앞에서 말하는 것을 싫어함.
근데 친구들 앞에서
말하는 걸 잘하고 싶다.

---

연극 수업을 할 때는 표현을 잘하기
부끄러움을 많이 타지만
연극을 할 때는 열심히 하기

---

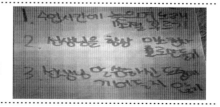

1. 수업 시간에 늦으면 노래 소절 부르기
2. 선생님을 항상 미소 천사로 만들기
3. 선생님 말씀하신 도중에 끼어들지 않기

---

| 순서 | 단계 | 단계별 활동 |
|---|---|---|
| 1 | 기본단계 | 투표를 통해 극본 선정하기 |
| 2 | 기본단계 | 선정된 극본 읽기 |
| 3 | 기본단계 | 배우 시험과 역할(배역) 정하기<br>(오디션과 캐스팅) |
| 4 | 기본단계(무대 호흡법,<br>발성법, 발음법 익히기) | 극본을 실감 나게 읽기 위한<br>기본적인 화술 학습하기 |
| 5 | 중급단계 | 등장인물들의 대사를 통해 행동, 감정,<br>성격을 분석하고 표현하기 |
| 6 | 고급단계, 심화단계<br>(Break time - 마음 열고<br>연극이랑 놀기) | 동선 만들기(블로킹)와<br>장면 속 말과 행동 구체화하기 |
| 7 | 심화단계 | 등장인물에 어울리는 소품 만들기,<br>효과음, 의상, 분장 준비하기 |
| 8 | 심화단계 | 조명과 음향을 맞춰보는 무대 연습하기<br>(테크니컬 리허설) |
| 9 | 심화단계 | 의상, 소품을 갖추고 총연습하기<br>(드레스 리허설) |
| 10 | 실제공연 | 등장인물의 감정과 성격을 살려<br>무대 위에서 연극공연하기 |
| 11 | 정리단계 | 연극공연을 마친 후 자기평가와<br>느낀 점 공유하기 |
| 12 | 정리단계 | 연극 시상식 |

각자 목표를 정했다면 연극연습에서부터 무대에서 연극을 공연하기까지의 기본적인 순서에 대해 안내합니다.

위와 같이 연극공연을 하기 위한 일련의 과정을 프레젠테이션 혹은 문서로 작성하여 학생들에게 간략히 설명합니다. 1번부터 부연 설명을 하면, 이 책에 수록된 7편의 극본 가운데 작품해설의 내용을 학생들과 다 함께 읽어보고 종이에 우리 반 친구들의 인원수와 특징을 고려하여 비밀투표를 통해 극본을 결정합니다. 선생님께서 종이를 학생들에게 배부하면 극본 제목을 적은 후 접어 제출하는 방식으로 진행합니다. 가장 많이 호명된 극본이 선정되면 모든 학생이 극본을 천천히 읽어봅니다. 대사는 앉아있는 순서대로 혹은 출석부의 이름순으로 읽으면서 진행합니다. 대사를 읽으면서 학생들은 자신이 하고 싶은 역할을 마음속으로 정하게 됩니다. 3번의 경우 역할을 선정하기 위한 오디션과 캐스팅의 선정 방법은 '오디션과 캐스팅, 그것들이 알고 싶다'에서 자세히 언급할 예정입니다. 초등학생의 경우 반별로 20~25분 남짓한 공연을 선보이는 시간의 제약이 따르므로 무엇보다 5번, 7번, 8번, 9번의 활동에서는 시간을 재어보면서 반복적으로 연습을 하는 것이 도움이 됩니다. 10번에서는 실제 무대 위에서 연극공연을 관객들에게 선보이게 되고 11, 12번에서는 연극 활동을 총정리하며 창조의 참된 정의를 몸소 체득하는 소중한 기회의 장이 마련됩니다.

단계별로 활동을 진행하면서 학생들에게 무대 아래 연극연습부터 무대 위 연극공연을 창조하는 과정까지 모두 교실과 학교에서 이루어진다는 것을 알려주세요. 교실이 연습실이자 학교는 곧 화려한 무대가 된다는 흥미로운 사실을 이렇게 언급하면 어떨까요?

"우린 다 함께 학교라는 무대에서 하나되고
소통하는 연극을 만들 거야!"

## (2) 무대 호흡법, 발성법, 발음법 익히기

　무대 위에서 연극을 상연할 때 학생들의 목소리가 너무 작거나 발음이 부정확하여 관객들에게 대사가 제대로 전달되지 않았을 경우 공연이 끝난 후 학생들은 마음 한편에 알 수 없는 아쉬움을 느끼게 됩니다. 관객이 없는 교실에서 연극연습을 할 때보다 무대 위에서는 관객들의 시선과 반응이 긴장감을 유발해 목소리가 떨리고 발음도 유창하게 나오지 않는 경우가 종종 있습니다. 그러므로 연극연습의 기본단계에서 호흡, 발성, 발음의 세 가지의 기본적인 화술(읽기, 말하기) 요소를 토대로 무대 위에서 관객들에게 대사를 잘 전달할 수 있도록 설명해야 합니다. 지금부터 올바른 무대 호흡, 발성, 발음의 방법에 대해 순서대로 살펴보겠습니다.

　　첫째, 무대 호흡법＝복식호흡＝배 호흡＝풍선 호흡
　극본 읽기와 말하기의 기초적인 재료는 호흡입니다. 무대 위에서 배우의 안정적인 목소리의 원천은 바로 열심히 연습한 복식호흡의 성과물입니다. 배우는 상황 또는 감정 상태에 따라 다양한 목소리의 크기를 내기 위해 복식호흡을 반드시 연습해야 합니다. 사실 복식호흡의 원리를 바탕으로 방법을 설명하는 것은 매우 어려운 일입니다. 특히 학생들에게는 복식호흡에 대해 풍선을 활용하여 설명하면 이해가 쉽고 재미있는 호흡 놀이로도 활동이 가능해집니다. 우선 복식호흡이 지닌 의미를 정리해보겠습니다. 복식호흡에서 복식은 배를 뜻하는데 코를 통해 숨을 들이마시고 가슴이 아닌 배 전체에 호흡을 가득 담아두고 입으로 숨을 내쉬는 것입니다. 여기서 주의할 점은 배 전체에 숨이 가득 채워

저 가슴이 나오거나 어깨가 올라가지 않도록 합니다. 선생님들께서 복식호흡에 대해 설명하실 때 "들이마시는 숨과 내쉬는 숨을 각각 무엇이라고 할까요?"라고 퀴즈를 내주는 것도 좋은 학습방법입니다. 학생들이 답을 생각하기 어려워할 경우, 들숨과 날숨을 맞출 수 있게 'ㄷ ㅅ'과 'ㄴ ㅅ'의 초성 힌트를 준다면 복식호흡을 이해하는 데 더욱 도움이 될 것입니다. 실제로 저자는 이 수업을 진행할 때 학생들에게 복식호흡의 원리를 상기시키기 위해 앞서 언급한 대로 배를 풍선으로 비유하여 학습활동을 진행합니다.

**"여러분 배 안에 풍선이 있다는 사실을 잊지 마세요."**

코로 들숨을 하여 배 전체를 마치 풍선을 불어 부풀린 것처럼 빵빵하게 만들고 날숨을 할 때는 길게 숨을 내쉬며 윗니, 아랫니가 꽉 맞물린 채로 '스'라는 소리를 생생하게 들려줍니다. '스'는 단순한 소리가 아닌 윗니와 아랫니 사이에서 공기가 빠지는 소리라고 생각하면 됩니다. 날숨을 하게 되면 빵빵했던 배가 원래대로 홀쭉해지는데 이 모습을 보며 학생들이 매우 신기해하고 즐거워합니다. 복식호흡의 연습을 응용하면, 선생님께서 4초 혹은 5초를 세는 동안 학생들은 들숨을 하고 잠시 멈춘 후 8초 혹은 10초 동안 날숨을 하는 활동도 할 수 있습니다. 초를 점점 늘려가면서 들숨, 정지, 날숨의 심화활동으로 연결하는 학습방법도 추천합니다. 또한 선생님과 학생들이 직접 풍선을 불면서 복식호흡의 원리에 대해 알아가는 시간을 가져도 좋습니다. 먼저 선생님께서 풍선을 가지고 학생들이 보는 앞에서 풍선이 터지지 않을 정도로 적당히 불어 입구를 손으로 잡은 다음 학생들에게 다음과 같이 물어봅니다. "풍선을 불면 이렇게 부풀어지는데 만일 입구를 손으로 천천히 떼면 어떻게 될까요?, 이때 어떤 소리가 날까요?" 학생들의 공통적인 대답은 "원래 작은 풍선의 모양으로 돌아오고 공기 빠지는 소리가 나요."라고 할 것입니다. 정리하면 풍선을 불었을 때 부푼 모양이 곧 우리가 들숨을 했을 때의 배 모양이 되고 풍선의 입구는 우리의 입으로 천천히 긴 날숨을 통해 '스'라는 소리를 내며 복식호흡을 저절로 체험하게 되는 것입니다. 들숨과 날숨의 시간을 천천히 늘려가면서 호흡량을 충분히 늘리도록 합니다. 다음 순서와 방법 그리고 주의사항을 바탕으로 복식호흡을 조절하는 기술을 익힐 수 있습니다.

1. 코로 숨 들이쉬기(들숨, 4초) → 배 빵빵한 상태로 멈추기(2초) → 윗니와 아랫니를 다문 채 입술을 벌려 '스'라고 소리 내며 숨 내쉬기(날숨, 8초) → 배 홀쭉한 상태로 만들기

2. 코로 숨 들이쉬기(들숨, 8초) → 배 빵빵한 상태로 멈추기(4초) → 윗니와 아랫니를 다문 채 입술을 벌려 '스'라고 소리 내며 숨 내쉬기(날숨, 16초) → 배 홀쭉한 상태로 만들기

3. 코로 숨 들이쉬기(들숨, 12초) → 배 빵빵한 상태로 멈추기(6초) → 윗니와 아랫니를 다문 채 입술을 벌려 '스'라고 소리 내며 숨 내쉬기(날숨, 24초) → 배 홀쭉한 상태로 만들기

*주의사항: 숨을 들이쉴 때 어깨가 올라가거나 가슴이 나오지 않고 윗배와 아랫배의 배 전체가 최대한 앞으로 나와 볼록한 상태를 만든다.

날숨을 할 때는 좌측처럼 입을 벌리는 것이 아니라 우측처럼 윗니와 아랫니를 다물고 그 사이로 '스'라는 소리와 함께 숨을 천천히 내쉰다.

**둘째, 바다물결 느끼기+산 오르고 외치기+계곡 표현하기**
**= 무대 발성법**

극본 읽기를 할 때 자신감이 없는 학생들의 경우 작은 목소리로 말끝을 흐리거나 염소 소리처럼 목소리가 떨리는 것을 발견하게 됩니다. 그렇다면 듣기 좋은 목소리를 내는 방법은 무엇일까요? 목소리의 다양한 크기를 조절하기 위해서는 발성의 기본적인 원리와 방법을 학습해야 합니다. 발성은 목소리의 크기, 세기, 음량과 관계가 깊어 극본 읽기의 기둥이라고 말할 수 있습니다. 건물을 지을 때 기둥이 단단하고 튼튼해야 건물이 무너지지 않는 것처럼 앞서 배운 복식호흡에서 내쉬는 호흡과 함께 저음, 중간음, 고음의 색을 입혀 다양한 목소리를 내는 발성법을 익혀야 합니다. 무엇보다 성대에 무리가 가지 않도록 목과 배에 적절한 힘을 주고 입을 크게 벌려 발성 연습을 하는 것이 중요합니다. 지금부터 학생들과 답답한 일상에서 벗어나 자연과 어울리며 자연스럽게 목소리의 크기를 조절하는 세 가지 발성법을 살펴보도록 하겠습니다.

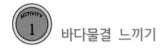

## 바다물결 느끼기

### "자, 푸른 바다로 떠나봅시다!"

학생들에게 보조자료로 프레젠테이션에 바다물결의 이미지를 삽입해 보여주거나 칠판에 '~'을 판서해 바다물결임을 알려줍니다. 그리고 코로 숨을 들이마시게 하고 배를 볼록하게 한 후 날숨과 함께 '아~'라는 소리를 길게 내게 합니다. '아~'의 발성법을 지도할 때 목에 힘을 주어 쥐어짜는 듯한 소리를 내는 것이 아니라 배를 통해 묵직한 소리가 나오도록 합니다. 선생님께서는 다음 그림과 같이 칠판에 포물선을 그려 개인별 혹은 조별로 누가 더 길고 멀리 '아~'의 소리를 내는지 놀이 형식으로 지도하는 것도 좋은 방법입니다. 학생들이 '아~'의 소리를 길게 내는 만큼 그 소리에 비례해 선생님도 칠판에 포물선을 길게 그려 발성의 흥미를 더욱 느낄 수 있게 합니다.

이번에는 프레젠테이션과 칠판에 '아~에~이~오~우'의 대표적인 모음을 작성해 보여주고 소리를 내게 합니다. 반대로 '우~오~이~에~아'의 소리도 내봅니다. 바다물결 발성을 활동할 때 주의해야 할 점은 소리를 밀어서 내는 것이 아니라 '아'부터 '우'까지 혹은 '우'부터 '아'까지 중간에 소리가 끊이지 않고 긴 호흡으로 최대한 길게 연결해서 소리를 낼 수 있도록 지도하는 것입니다. 학생들의 바다물결 발성이 시작되면 선생님들은 손으로 출렁이는 바다의 물결도 표현합니다. 학생들이 발성할 때 선생님들의 손동작으로 함께 활동을 이끌면 실제 바다의 물결을 몸소 느끼는 효과를 낼 수 있습니다. 바다물결 느끼기의 발성법은 학생들이 목소리를 내는 가장 접근하기 쉬운 기초적인 방법이라 할 수 있습니다.

아~ 에~ 이~ 오~ 우                우~ 오~ 이~ 에~ 아

산 오르고 외치기

"산에 올라 큰 소리로 야호를 외쳐봅시다!"

바다에서 산으로 이동하여 목소리 크기를 다양하게 내는 방법에 대해 알아보겠습니다. 산 오르기 발성법은 바다물결과는 달리 학생들에게 소리의 크기를 이해할 수 있도록 저음, 중간음, 고음을 각각 1, 3, 5번의 소리로 설명합니다. 그리고 프레젠테이션이나 칠판에 세 개의 산을 그려 1번 산이 가장 작은 목소리, 3번 산은 중간 목소리, 5번 산은

가장 큰 목소리로 산의 크기와 목소리의 크기가 비례할 수 있음을 보여
줍니다. 학생마다 성량이 각기 다르므로 자신이 최대한 낼 수 있는 가장
작은 목소리, 중간 목소리, 큰 목소리로 가정합니다. 산에는 1번, 3번, 5
번이라고 작성하고 산마다 오르고 내려올 때는 '아~'라고 소리를 내며
소리의 크기에 대해 설명을 시작합니다. 소리의 크기에 대해 재미있게
설명하기 위해 동물의 소리와 연관 지어 안내합니다. 우리가 흔히 알고
있는 동물의 특성이거나 그들이 내는 소리이므로 학생들의 흥미를 높일
수 있을 뿐 아니라 소리의 크기를 쉽게 이해하고 경험할 수 있습니다.

　　1번 산에 오르고 내려올 때 소리는 달팽이가 조용히 기어가는 소
리, 3번 산에 오르고 내려올 때는 앵무새가 사람처럼 평소 대화하듯 내
는 소리, 5번 산에 오르고 내려올 때는 호랑이가 크게 포효하는 소리라
고 설명합니다. 각 산의 정상에 도착해서 '야호'를 외칠 때도 1, 3, 5번
으로 소리를 낼 수 있도록 지도합니다. 학생들이 '아~'라고 소리 내며
산을 오르고 정상에서 야호를 외치고 내려오며 '아~'의 소리를 낼 때
발성 활동의 즐거움을 더할 수 있습니다. 프레젠테이션을 통해 산의 이
미지를 보여줄 때 **"세 개의 산에 올라가고 내려가면서 세 가지의 소리
와 억양으로 발성해요."**라고 설명하며 아래 그림과 같이 산에 표시된
화살을 지시봉으로 가리킵니다. 칠판에 산을 직접 그려 분필로 오름과
내림을 표시해 발성을 지도합니다. 세 가지의 흥미로운 발성 활동과 억
양의 이해를 도울 수 있습니다.

| 산의 위치 | 소리 | 억양 | 억양의 방향 |
|---|---|---|---|
| 올라가기 | 아~ | 오름 억양 | ／ |
| 정상 | 야~호~ | 직선 억양 | → |
| 내려오기 | 아~ | 내림 억양 | ＼ |

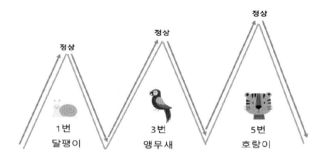

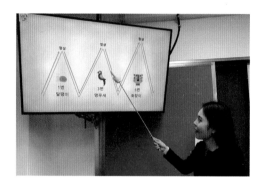

　　학생들이 동물로 비유한 소리의 크기를 이해하기 어려워할 경우 다음 제시한 표를 참고하여 1, 3, 5번의 소리를 설명하고 실제 활동으로 진행합니다.

| 소리의 크기 | 친구에게 말하는 소리 | 소리 내어 문장 말하기 |
|---|---|---|
| 1번 소리 | 한 명의 친구 혹은 짝꿍에게 말하는 소리 | 함께하자. |
| 3번 소리 | 다섯 명의 친구에게 말하는 소리 | 산에 올라가자. |
| 5번 소리 | 열 명 이상의 친구에게 말하는 소리 | 야~호~라고 외치자. |

## 3 계곡 표현하기

**"맑은 계곡에서 다양한 소리로 감정을 표현해봅시다!"**

세 번째 발성법은 계곡으로 비유하여 설명하겠습니다. 바다, 산에 이어 여름 휴양지로 손꼽히는 계곡에서 더 다양한 목소리 크기로 소리 내는 방법에 대해 알아보겠습니다. 산 오르고 외치기에서 1, 3 ,5번의 소리를 학습하였다면 계곡 표현하기에서는 0번부터 5번까지의 소리내기를 통해 극본에서 전개된 상황에 처한 등장인물의 감정 상태를 생동감 있게 표현할 수 있습니다. 학생들에게 계곡에서 소리를 표현하는 방식을 다음 표에 제시합니다.

다음 표에 제시한 바와 같이 소리의 크기별로 표현할 수 있는 긍정, 부정의 감정으로 구분하고 이에 알맞게 작성된 대사를 읽어보는 활동을 학생들과 함께 해봅시다. 특히 0번 소리의 대사를 제외한 1번부터 5번까지의 대사에 기재된 감탄사와 의성어는 감정을 살려 소리의 크기

| 소리의 크기 | 감정 표현하기 | 대사 읽기 |
|---|---|---|
| 0번 소리 | 혼자 마음속으로 표현하기 | 계곡에 '풍덩'하고 다이빙을 하고 싶지만, 발만 담가야지. |
| 1번 소리 | 비밀 털어놓기 | 쉿! 여긴 나만 알고 싶은 비밀의 계곡이야. |
| 2번 소리 | 슬픔, 걱정을 표현하기 | 끝없이 강물이 흐르고 흑흑, 방학이 얼마 남지 않아 내 눈물도 흐르네. |
| 3번 소리 | 일상의 감정을 표현하기 | 어머, 마음이 편안해지는 숲속 계곡에서 실컷 쉬었다 가자. |
| 4번 소리 | 기쁨, 즐거운, 행복을 표현하기 | 우와, 계곡에서 먹는 수박은 정말 꿀맛이군. |
| 5번 소리 | 놀람, 화남을 표현하기 | 앗, 깜짝이야! 계곡물이 얼음처럼 차가워. |

를 조절하도록 합니다. 반복적인 대사 읽기를 바탕으로 감정에 따라 목소리의 크기를 내는 기술을 습득하여 무대에서 대사를 말할 때마다 모든 관객에게 힘 있는 소리를 전달할 수 있습니다.

 꿀TIP **손가락으로 발성과 발음을 동시에 교정할 수 있어요!**

학생들과 위의 세 가지 발성법을 활동할 때, 다양한 소리의 크기를 내는 것도 중요하지만 입을 크게 벌려 소리를 내는 지도가 필요합니다. '아'의 발성을 하는 적절한 입 크기는 손가락으로 만들 수 있습니다. 엄지와 새끼손가락을 접어 모으고 검지, 중지, 약지손가락을 세워 세로로 입안에 넣은 후 이 상태에서 손가락만 빼면 큰 원으로 된 입 모양이 완성됩니다. 이 상태에서 발성하면 소리도 크게 날 뿐만 아니라 극본을 읽을 때도 정확히 발음하게 됩니다. 다음 사진을 참고하세요.

셋째, 자음 X 모음 = 무대 발음법

학생들과 극본 읽기를 반복하다 보면 부정확한 발음사례를 종종 발견하게 됩니다. 특히 최근에는 코로나로 인해 마스크를 착용하고 있어 많은 학생이 입을 크게 벌리지 않고 발음을 대충 하는 경우가 생깁니다. 가장 빈번한 경우를 살펴보면 첫째, 너무 빨리 말해 말끝을 흐리는 발음, 둘째, 말을 더듬으며 웅얼거리는 발음, 셋째, 혀 짧은 소리 및 새는 발음입니다. 위의 세 가지의 발음사례는 학생들의 개인차에 따라 다르겠지만 정확한 발음을 위해 여러 차례의 발음 연습이 필요합니다. 학생들과 발음으로 학습활동을 할 때 한글의 자음과 모음의 발음원리를 자세히 설명해야 합니다. 한글은 자음과 모음의 결합입니다. 전자는 'ㄱ, ㄴ, ㄷ, ㄹ, ㅁ, ㅂ, ㅅ, ㅇ, ㅈ, ㅊ, ㅋ, ㅌ, ㅍ, ㅎ'이고 후자는 '아, 야, 어, 여, 오, 요, 우, 유, 으, 이'이며 14개의 자음과 10개의 모음이 만나 단어, 문구, 문장이 된다는 것을 안내합니다. 그리고 선생님들은 학생들에게 자음과 모음을 발음하도록 지도하면서 그때 본인 입이 어떻게 움직이는지 물어봅니다. 자음은 혀의 위치와 모음은 입술 모양에 의해 발음된다는 점을 알려줍니다.

"지금부터 ㄱ부터 ㅎ까지의 자음과 ㅏ부터 ㅣ까지의 모음을
천천히 발음해보세요.
재미있는 현상을 발견하였나요?
자음은 혀의 위치에 따라 모음은 입술 모양에 따라 소리가 나요.
따라서 자음과 모음으로 만들어진 한글에는
입 밖으로 혀가 나오는 발음이 절대 존재하지 않아요.
머릿속에 기억 또 기억해주세요."

우리가 주변에서 흔히 볼 수 있는 '가방', '나비', '다리미', '라디오', '마늘', '바지', '사전', '아침', '자동차', '차표', '카메라', '타조', '파란색', '하늘'의 단어들을 예시로 들어 소리 내어 발음하고 특이점을 스스로 찾을 수 있도록 제시합니다. 한글을 발음할 때는 입술 모양이 움직이면서 동시에 입안에서는 혀의 위치가 입천장에 닿거나 윗니, 아랫니 안쪽에

붙었다 떨어지며 혀가 절대로 입 밖으로 돌출되지 않는다는 점을 강조합니다. 보통 입술 주위와 혀에 힘이 없으므로 앞서 언급한 부정확한 발음사례들이 발생하곤 합니다. 발음원리의 이해를 돕기 위해 다섯 가지의 활동을 학생들과 함께 할 수 있습니다.

열심히 운동하면 몸에 근육이 생기듯 혀도 반복적으로 움직이면 유연해져 보다 발음이 정확하고 유창해진다. 다음 혀의 근육을 강화하기 위한 6가지의 활동을 소개한다.

### 1) 혀 길게 내밀기

'메롱'이라는 말과 함께 20회 정도 혀를 길게 내민다. 혀가 짧은 친구들은 턱 끝에서 약간 위에 막대사탕을 대고 있으면 달콤한 맛을 느끼기 위해 혀를 길게 내밀어 혀끝을 뾰족하게 만들고 사탕에 닿으려고 노력한다.

## 2) 혀로 입천장 닿기

혀 위에 네모 모양의 비스킷 과자를 올려놓고 오로지 혀의 힘으로
입천장에 닿아 과자를 부숴 먹는다.

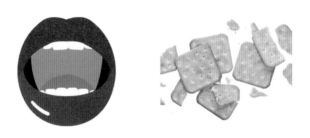

## 3) 혀로 윗니·아랫니, 위아래 어금니 찍기

아래 그림을 참고하여 1번부터 6번까지 위치를 정확하게 기억하고
선생님이 해당 번호를 말하면 학생들은 그 위치에 혀를 갖다 댄다.

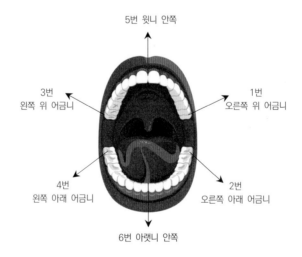

5번 윗니 안쪽

3번 왼쪽 위 어금니

1번 오른쪽 위 어금니

4번 왼쪽 아래 어금니

2번 오른쪽 아래 어금니

6번 아랫니 안쪽

### 4) 혀 반으로 접기

혀를 색종이라 생각하고 세로 방향과 가로 방향으로 각각 접어
본다.

### 5) 혀 씹어주기

혀를 껌이나 젤리라고 생각하고 '잘근잘근' 씹어준다. 이때, 이빨에
너무 힘을 주어 혀를 씹지 않도록 주의한다.

### 6) 혀로 이름·단어·모양 쓰기

혀끝이 연필이라 생각하고 자신의 이름이나 특정 단어 혹은 원, 세
모, 네모, 별, 하트 등의 모양을 써본다. 익숙해지면 단어와 모양을 합
해서 쓰기도 한다.

‘ㄹ’발음은 혀끝소리(혹은 잇몸소리)라 불리는 치조음으로 혀가 입천
장에 닿으면서 나는 소리이다. 음악 교과서에 수록된 동요 10곡을 다
함께 소리 내어 불러보는데 실제 가사를 대신하여 ‘랄’ 혹은 ‘라’의 단어
로 부르며 초성과 종성(받침)을 발음할 때 혀의 위치와 입 모양이 어떻
게 되는지 확인할 수 있다. 반복적인 활동을 통해 익숙해지면 빠른 속
도로 발음이 뭉개지지 않고 노래를 부르도록 연습한다.

### 1) 작은별

| | | |
|---|---|---|
| 1절 | 반짝반짝 작은 별 | 랄랄랄랄 랄랄 라 |
| | 아름답게 비치네 | 랄랄랄랄 랄랄라 |
| | 동쪽 하늘에서도 | 랄랄 랄랄랄랄라 |
| | 서쪽 하늘에서도 | 랄랄 랄랄랄랄라 |
| | 반짝반짝 작은 별 | 랄랄랄랄 랄랄 라 |
| | 아름답게 비치네 | 랄랄랄랄 랄랄라 |
| 2절 | 반짝반짝 작은 별 | 랄랄랄랄 랄랄 라 |
| | 아름답게 비치네 | 랄랄랄랄 랄랄라 |
| | 동쪽 하늘에서도 | 랄랄 랄랄랄랄라 |
| | 서쪽 하늘에서도 | 랄랄 랄랄랄랄라 |
| | 반짝반짝 작은 별 | 랄랄랄랄 랄랄 라 |
| | 아름답게 비치네 | 랄랄랄랄 랄랄라 |

## 2) 가을 길

| | |
|---|---|
| 노랗게 노랗게 물들었네 | 랄랄라 랄랄라 랄랄랄라 |
| 빨갛게 빨갛게 물들었네 | 랄랄라 랄랄라 랄랄랄라 |
| 파랗게 파랗게 높은 하늘 | 랄랄라 랄랄라 랄랄 라라 |
| 가을 길은 고운 길 | 랄랄 랄라 랄랄 라 |
| 트랄 랄랄라 트랄 랄랄라 | 트랄 랄랄라 트랄 랄랄라 |
| 트랄 랄랄랄라 노래 부르며 | 트랄 랄랄라 랄랄 랄랄라 |
| 산 넘어 물 건너 가는 길 | 랄 랄라 랄 랄라 랄랄 라 |
| 가을 길은 비단 길 | 랄랄 랄랄 랄랄 라 |

## 3) 새싹들이다

| | |
|---|---|
| 마음을 열어 하늘을 보라 | 랄랄랄 랄라 랄랄랄 랄라 |
| 넓고 높고 푸른 하늘 | 랄랄 랄랄 랄랄 랄라 |
| 가슴을 펴고 소리쳐 보자 | 랄랄랄 랄라 랄랄랄 랄라 |
| 우리들은 새싹들이다 | 랄랄랄라 랄랄랄랄라 |
| 푸른 꿈이 자란다 곱고 고운 꿈 | 랄랄 랄라 랄랄라 랄랄 랄랄 라 |
| 두리둥실 떠 간다 구름이 되어 | 랄랄랄라 랄 랄라 랄랄라 랄라 |
| 너른 벌판을 달려나가자 | 랄랄 랄랄라 랄랄랄랄라 |
| 씩씩하게 나가자 | 랄랄랄라 랄랄라 |
| 어깨를 걸고 함께 나가자 | 랄랄라 랄라 랄랄 랄랄라 |
| 발 맞춰 나가자 | 랄 랄라 랄랄라 |

## 4) 숲속을 걸어요

| | | |
|---|---|---|
| 1절 | 숲속을 걸어요 산새들이 속삭이는 길 | 랄랄라 랄랄라 랄랄랄라 랄랄랄랄 라 |
| | 숲속을 걸어요 꽃 향기가 그윽한 길 | 랄랄라 랄랄라 랄 랄랄라 랄랄랄 라 |
| | 해님도 쉬었다 가는 길 | 랄랄라 랄랄라 랄랄 라 |
| | 다람쥐가 넘나드는 길 | 랄랄라 랄랄랄랄 라 |
| | 정다운 얼굴로 우리 모두 숲속을 걸어요 | 랄랄랄 랄랄라 랄랄 랄라 랄랄라 랄랄라 |
| 2절 | 숲속을 걸어요 맑은 바람 솔바람 이는 | 랄랄라 랄랄라 랄랄 랄랄 랄랄라 랄라 |
| | 숲속을 걸어요 도랑물이 노래하는 길 | 랄랄라 랄랄라 랄랄랄라 랄랄랄라 라 |
| | 달님도 쉬었다 가는 길 | 랄랄라 랄랄라 랄랄 라 |
| | 산노루가 넘나드는 길 | 랄랄랄라 랄랄랄라 라 |
| | 웃음 띤 얼굴로 우리 모두 숲속을 걸어요 | 랄랄 라 랄랄라 랄랄 랄랄 랄랄라 랄랄라 |

## 5) 그대로 멈춰라

| | |
|---|---|
| 즐겁게 춤을 추다가 | 랄랄라 라라 랄랄라 |
| 그대로 멈춰라 | 랄랄라 랄랄라 |
| 즐겁게 춤을 추다가 | 랄랄라 라라 랄랄라 |
| 그대로 멈춰라 | 랄랄라 랄랄라 |
| 서 있지도 말고 앉지도 말고 | 랄 랄랄라 랄라 랄랄라 랄라 |
| 눕지도 말고 움직이지마 | 랄랄라 랄라 랄랄랄랄라 |
| 즐겁게 춤을 추다가 | 랄랄라 라라 랄랄라 |
| 그대로 멈춰라 | 랄랄라 랄랄라 |

## 6) 둥글게 둥글게

| | |
|---|---|
| 둥글게 둥글게 둥글게 둥글게 | 랄랄라 랄랄라 랄랄라 랄랄라 |
| 빙글빙글 돌아가며 춤을 춥시다 | 랄랄랄라 랄랄랄라 랄라 랄랄라 |
| 손뼉을 치면서 노래를 부르며 | 랄랄라 라라라 랄랄라 라라라 |
| 랄랄랄라 즐거웁게 춤추자 | 랄랄랄라 랄랄랄라 랄랄라 |
| 링가링가링가 링가링가링 | 링가링가링가 링가링가링 |
| 링가링가링가 링가링가링 | 링가링가링가 링가링가링 |
| 손에 손을 잡고 모두 다 함께 | 랄라 라라 랄라 라라 라 라라 |
| 즐거웁게 뛰어 놉시다 | 랄랄랄라 랄라 라라라라 |
| 둥글게 둥글게 둥글게 둥글게 | 랄랄라 랄랄라 랄랄라 랄랄라 |
| 빙글빙글 돌아가며 춤을 춥시다 | 랄랄랄라 랄랄랄라 랄라 랄랄라 |
| 손뼉을 치면서 노래를 부르며 | 랄랄라 라라라 랄랄라 라라라 |
| 랄랄랄라 즐거웁게 춤추자 | 랄랄랄라 랄랄랄라 랄랄라 |

## 7) 파란 마음 하얀 마음

| | | |
|---|---|---|
| **1절** | 우리들 마음에 빛이 있다면 | 랄랄라 랄랄라 라라 랄랄라 |
| | 여름엔 여름엔 파랄 거여요 | 랄랄라 랄랄라 라라 랄랄라 |
| | 산도 들도 나무도 파란 잎으로 | 랄랄 랄라 랄랄라 라라 랄랄라 |
| | 파랗게 파랗게 덮인 속에서 | 랄랄라 랄랄라 라라 랄랄라 |
| | 파아란 하늘 보고 자라니까요 | 랄랄라 라라 라라 랄랄랄랄라 |
| **2절** | 우리들 마음에 빛이 있다면 | 랄랄라 랄랄라 라라 랄랄라 |
| | 겨울엔 겨울엔 하얄 거여요 | 랄랄라 랄랄라 라라 랄랄라 |
| | 산도 들도 지붕도 하얀 눈으로 | 랄랄 랄라 랄랄라 라라 랄랄라 |
| | 하얗게 하얗게 덮인 속에서 | 랄랄라 랄랄라 라라 랄랄라 |
| | 깨끗한 마음으로 자라니까요 | 랄랄라 랄랄랄라 랄랄랄랄라 |

## 8) 나란히 나란히

| | |
|---|---|
| 나란히 나란히 나란히 | 랄랄라 랄랄라 랄랄라 |
| 밥상 위에 젓가락이 | 랄랄 랄라 랄랄라 |
| 나란히 나란히 나란히 | 랄랄라 랄랄라 랄랄라 |
| 댓돌 위에 신발들이 | 랄랄 랄라 랄랄랄라 |
| 나란히 나란히 나란히 | 랄랄라 랄랄라 랄랄라 |
| 짐수레의 바퀴들이 | 랄랄랄라 랄랄랄라 |
| 나란히 나란히 나란히 | 랄랄라 랄랄라 랄랄라 |
| 학교길에 동무들이 | 랄랄랄라 랄랄랄라 |
| 나란히 나란히 나란히 | 랄랄라 랄랄라 랄랄라 |
| 나란히 나란히 나란히 | 랄랄라 랄랄라 랄랄라 |

## 9) 금강산

| | | |
|---|---|---|
| | 금강산 찾아 가자 일만 이천 봉 | 랄랄라 랄랄 랄라 랄랄 랄랄 라 |
| | 볼 수록 아름답고 신기하구나 | 랄 랄라 랄랄랄라 랄랄랄랄라 |
| 1절 | 철따라 고운 옷 갈아 입는 산 | 랄랄라 랄랄 라 랄랄 랄랄 라 |
| | 이름도 아름다워 금강이라네<br>금강이라네 | 랄랄라 랄랄랄라 랄랄랄랄라<br>랄랄랄랄라 |
| | 금강산 보고 싶다 다시 또 한 번 | 랄랄라 랄랄 랄라 랄랄 랄 랄 라 |
| | 맑은 물 굽이쳐 폭포 이루고 | 랄랄 라 랄랄랄 랄랄 랄랄라 |
| 2절 | 갖가지 옛 이야기 가득 지닌 산 | 랄랄라 랄 라라라 랄랄 랄랄 라 |
| | 이름도 찬란하여 금강이라네<br>금강이라네 | 랄랄라 랄랄랄라 랄랄랄랄라<br>랄랄랄랄라 |

## 10) 초록바다

| | |
|---|---|
| 초록빛 바닷물에 두 손을 담그면 | 랄랄라 랄랄랄라 라 라라 랄랄라 |
| 초록빛 바닷물에 두 손을 담그면 | 랄랄라 랄랄랄라 라 라라 랄랄라 |
| 파란 하늘빛 물이 들지요 | 라라 랄랄라 라라 랄랄라 |
| 어여쁜 초록빛 손이 되지요 | 라라라 랄랄라 라라 랄랄라 |
| 초록빛 어울물에 두 발을 담그면 | 랄랄라 랄랄랄라 라 라라 랄랄라 |
| 물결이 살랑 어루만져요 | 랄랄라 랄라 랄라라라라 |
| 물결이 살랑 어루만져요 | 랄랄라 랄라 랄라라라라 |

각 자음, 모음에 해당하는 각 5개의 단어를 반복해서 읽으며 자음은 <u>혀의 위치</u>, 모음은 <u>입술 모양</u>에 의해 소리가 난다는 사실을 직접 체험한다.

## 1) 자음 단어 발음표

| 자음 단어 | |
|---|---|
| ㄱ | 가로수 가면 가방 가수 기술 |
| ㄴ | 나그네 나라 나사 노루 농사 |
| ㄷ | 다리 다짐 답장 당나귀 둥지 |
| ㄹ | 라일락 라켓 로켓 리본 리코더 |
| ㅁ | 마늘 마차 먹물 모자 미술 |
| ㅂ | 바구니 바늘 바람 바지 박사 |
| ㅅ | 사고 사다리 사투리 사회 시소 |
| ㅇ | 아내 아침 악기 안경 어부 |
| ㅈ | 자석 자랑 잔디 장소 지우개 |
| ㅊ | 차도 창문 청진기 치마 치약 |

| 자음 단어 | |
|---|---|
| ㅋ | 카드 코코아 코뿔소 콧물 키위 |
| ㅌ | 타조 탁자 투자 토마토 토지 |
| ㅍ | 파리 편지 포도 폭포 풍선 |
| ㅎ | 학교 한국 한글 호루라기 호두 |

① 조음기관 이해하기

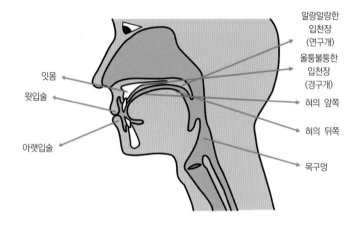

위의 그림을 참고하여 자음 'ㄱ~ㅎ'의 발음을 할 때 올바른 혀의 위치를 알면 자음 단어를 읽을 때 발음의 원리를 이해하는 데 도움이 된다.

② 자음의 혀의 위치와 발음하는 방법 알기

| 자음 | 혀의 위치와 발음하기 |
|---|---|
| ㄱ, ㅋ, ㅇ | 'ㄱ,ㅋ,ㅇ'을 발음할 때는 혀 뒤쪽을 말랑말랑한 입천장(연구개)의 안쪽에 위치하고 목구멍에서 공기를 터뜨리며 소리가 난다. |
| ㄴ, ㄷ, ㄹ, ㅌ | 'ㄴ,ㄷ,ㄹ,ㅌ'을 발음할 때 혀 앞쪽을 잇몸에 위치하고 목구멍에서 공기를 터뜨리면서 소리가 난다. |

| 자음 | 혀의 위치와 발음하기 |
|---|---|
| ㅁ,ㅂ,ㅍ | 'ㅁ,ㅂ,ㅍ'을 발음할 때는 닫았던 입에서 윗입술과 아랫입술을 순식간에 떼면서 목구멍에서 공기를 터뜨리며 소리가 난다. |
| ㅅ | 'ㅅ'을 발음할 때는 혀 앞쪽이 반드시 아랫니 뒤쪽에 위치해 머물러 있어야 하고 혀가 돌출하지 않고 소리가 나야 한다. |
| ㅈ,ㅊ | 'ㅈ'을 발음할 때는 혓바닥 전체를 울퉁불퉁한 입천장(경구개)에 위치하고 'ㅊ'은 목구멍에서 공기를 터뜨리며 소리가 난다. |
| ㅎ | 'ㅎ'을 발음할 때는 공기가 목구멍에서 마찰하며 소리가 난다. |

## 2) 모음 단어 발음표

| 모음 단어 | |
|---|---|
| ㅏ | 간장 강아지 남자 하나 항아리 |
| ㅑ | 야구 야수 야채 약국 향기 |
| ㅓ | 너구리 저녁 접시 터널 허수아비 |
| ㅕ | 겨울 멸치 여름 역할 연극 |
| ㅗ | 고기 놀이터 보리 오리 호랑이 |
| ㅛ | 교사 묘사 요리 요술 효도 |
| ㅜ | 구멍 부자 우유 추석 후유증 |
| ㅠ | 규모 귤 뉴스 유자차 휴지 |
| ㅡ | 금붕어 등 응급실 뜻 쓰레기 |
| ㅣ | 기린 기타 시간 시작 이야기 |

## ① 손가락으로 만든 모음의 입술 모양

모음은 손가락을 이용해 가로, 세로의 위치에 따라 달라지는 현상을 관찰하며 변화하는 입술 모양을 이해할 수 있다. 모음 발음에서 입술 모양만큼 입안의 공간을 크게 확보해야 소리의 울림도 생긴다. 처음에는 약간 지나칠 정도로 최대한 입을 크게 벌려 모음 발음을 연습하는 것이 매우 중요하다. 선생님의 지도하에 학생들은 'ㅏ ~ ㅣ'의 모음을 소리 내어 발음하며 입술의 형태와 유사한 하트 모양으로 직접 그려보는 학습활동으로 연결할 수 있다.

### 모음 'ㅏ, ㅑ, ㅓ'의 하트 모양 그리기

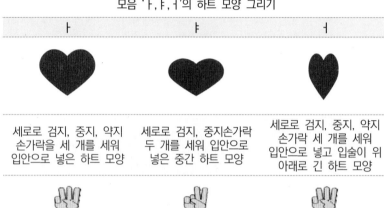

| ㅏ | ㅑ | ㅓ |
|---|---|---|
| 세로로 검지, 중지, 약지 손가락을 세 개를 세워 입안으로 넣은 하트 모양 | 세로로 검지, 중지손가락 두 개를 세워 입안으로 넣은 중간 하트 모양 | 세로로 검지, 중지, 약지 손가락 세 개를 세워 입안으로 넣고 입술이 위 아래로 긴 하트 모양 |

### 모음 'ㅕ, ㅗ, ㅛ'의 하트 모양 그리기

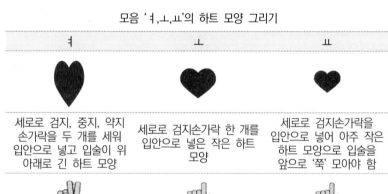

| ㅕ | ㅗ | ㅛ |
|---|---|---|
| 세로로 검지, 중지, 약지 손가락을 두 개를 세워 입안으로 넣고 입술이 위 아래로 긴 하트 모양 | 세로로 검지손가락 한 개를 입안으로 넣은 작은 하트 모양 | 세로로 검지손가락을 입안으로 넣어 아주 작은 하트 모양으로 입술을 앞으로 '쭉' 모아야 함 |

## 모음 'ㅜ,ㅠ,ㅡ,ㅣ'의 하트 모양 그리기

| ㅜ | ㅠ | ㅡ | ㅣ |
|---|---|---|---|
|  |  |  |  |
| 세로로 검지, 중지 손가락 두 개를 세워 입안으로 넣기. 위와 아래 입술이 크게 열린 하트 모양 | 세로로 검지손가락 한 개를 세워 입안으로 넣기. 위와 아래 입술이 작게 열린 하트 모양 | 가로로 검지, 중지, 약지손가락 세 개를 눕혀 입안으로 넣은 긴 가로의 하트 모양 윗니와 아랫니를 다문 채 윗니 8개, 아랫니 8개를 보여야 함 | 가로로 검지, 중지, 약지, 새끼손가락 네 개를 눕혀 입안으로 넣은 긴 가로의 하트 모양 윗니와 아랫니를 다문 채 윗니, 아랫니의 어금니까지 모두 보여야 함 |
|  |  |  |  |

### ② 손동작으로 표현하는 입술 모양

대표적인 모음으로는 '아, 어, 오, 우, 으, 이'가 있다. 모음을 소리 내어 발음하면서 변화하는 입술 모양을 손동작으로 표현하면 학생들과 재미있는 발음 놀이 활동을 할 수 있다. 모음의 순서대로 활동하거나 혹은 선생님께서 무작위로 모음을 말하면 학생들은 손동작과 입술 모양을 동시에 하는 활동으로 응용이 가능하다.

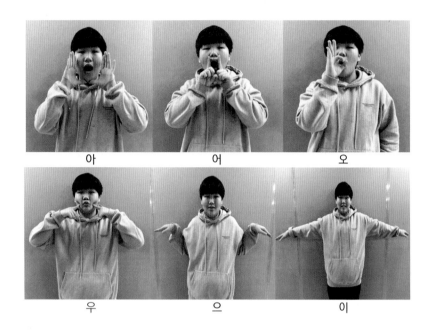

아          어          오

우          으          이

### 3) 쌍자음. 이중모음 발음표

같은 자음 2개가 합쳐진 쌍둥이 자음을 쌍자음이라 하고 총 5개로 구성되어있다. 쌍자음(ㄲ, ㄸ, ㅃ, ㅆ, ㅉ)으로 만들어진 낱말을 살펴보고 소리 내어 읽어본다. 이중모음은 2개의 모음이 만나 소리가 나므로 정확한 입술 모양을 통해 발음해야 한다. 특히 이중모음 'ㅢ'는 'ㅡ'와 'ㅣ'로 이루어져 있는데 'ㅢ'의 위치에 의해 총 네 가지로 다르게 발음된다.

첫째, 'ㅢ'가 첫음절에 위치한 경우 '으'로 발음한다.

둘째, 'ㅢ'가 첫음절이 아닌 다음 음절에 위치한 경우 '이'로 발음한다.

셋째, 'ㅢ'가 조사에 위치한 경우 '에'로 발음한다.

넷째, 첫음절에서 초성이 'ㅇ'가 아닌 다른 자음일 경우 'ㅣ'로 발음한다.

| 쌍자음 단어 | | 이중모음 단어 | |
|---|---|---|---|
| ㄲ | 까치 깡통 꼬마 꼭두각시 끝 | ㅐ | 개미 매미 액자 재미 태극기 |
| ㄸ | 딸기 땀 땅콩 떡 뚜껑 | ㅔ | 네모 세수 제비 제주도 체육 |
| ㅃ | 빨래 빵 뺨 뼈 뿌리 | ㅖ | 계단 계산 계획 예술 예절 |
| ㅆ | 쌀 쌍꺼풀 썰매 쑥 씨앗 | ㅘ | 과자 광고 왕자 좌석 화분 |
| ㅉ | 짜장면 짝꿍 쩝쩝 쪽지 찌개 | ㅙ | 괘종시계 돼지 왜곡 햇불 꽹과리 |
| | | ㅚ | 괴물 뇌 쇠고기 왼쪽 최고 |
| | | ㅟ | 귀고리 위 취미 튀김 휘파람 |
| | | ㅢ [으] | 의문[으문] 의사[으사] 의상[으상] |
| | | ㅢ [이] | 강의[강이] 의의[의이] |
| | | ㅢ [에] | 나의[에] 꿈, 가을 소풍의[에] 추억 |
| | | ㅢ [ㅣ] | 희망[히망] 띄어쓰기[띠어쓰기] |
| | | ㅝ | 권총 권투 원숭이 월요일 꿩 |
| | | ㅞ | 궤짝 웨딩드레스 웨이터 췌장 훼손 |

첫 번째 발음 활동은 학생들에게 막대사탕을 나눠주고 혀끝을 막대사탕으로 지그시 눌러 혀가 돌출되지 않도록 'ㅅ', 'ㅆ'의 초성, 종성(받침)으로 구성된 문장을 읽게 한다. 두 번째 읽기 활동에서는 막대사탕 없이 발음하는데 혀끝에 사탕의 단물이 묻어있어 혀가 아랫니 안쪽에 머무르는 현상이 보일 것이다. 이때 학생들이 손거울을 통해 'ㅅ', 'ㅆ'을 발음할 때 th소리가 나지 않고 혀가 옳은 자리에 있는 것을 직접 눈으로 확인할 수 있다.

## 'ㅅ', 'ㅆ'으로 구성된 발음 문장표

| |
|---|
| 1. 서울에 사는 쌍둥이가 사과를 사이좋게 나눠 먹어요. |
| 2. 숲속에서 새끼 사자가 살금살금 슬금슬금 엄마 사자를 따라다녀요. |
| 3. 사진 속에 있는 산에는 어떤 새가 살고 있나요? |
| 4. 스케치북에 색연필로 세모를 그렸어요. |
| 5. 소나기가 내리자 소녀와 소년은 소나무 아래로 뛰어갔어요. |
| 6. 신문에 쓰여있는 사자성어를 소리 내서 읽어요. |
| 7. 스스로 생각하고 성찰하는 시간을 가져볼까요? |
| 8. 아가씨가 뿌린 씨앗은 새싹이 되었어요. |
| 9. 신기한 맷돌에서 소금이 쏟아져 나왔어요. |
| 10. 맛있는 수박을 먹고 손을 깨끗이 씻고 수건으로 닦아요. |

　　우리가 지속해서 운동을 하면 몸에 근육이 생기듯 위의 4가지의 활동을 통해 입 주위와 혀의 근육이 생겨 또렷하게 발음을 구사할 수 있다. 첫 번째 발음 활동은 다음 두 가지의 재미있는 발음 문장표를 보고 한 음절씩(/) 끊어서 읽는다.

## 1) 초성과 종성 재미있는 발음 문장표

ㄱ 개/미/들/이/ 구/불/구/불/한/ 길/을/ 기/어/ 다/녀/요./

ㄴ 나/무/의/ 나/이/테/는/ 나/이/를/ 의/미/해/요./

ㄷ 드/디/어/ 두/더/지/가/ 땅/속/으/로/ 들/어/가/요./

ㄹ 리/자/로/ 끝/나/는/ 말/은/ 무/엇/일/까/요?/ 바/로/ 소/리,/ 오/리,/ 유/리,/ 자/리,/ 항/아/리/에/요./

ㅁ 멧/돼/지/가/ 멜/론/을/ 맛/있/게/ 먹/고/ 있/어/요./

ㅂ 배/우/가/ 블/라/우/스/와/ 반/바/지/를/ 입/었/어/요./

ㅅ 산/에/ 오/르/기/ 전/에/ 숨/을/ 내/쉬/었/어/요./

ㅇ 아/기/ 고/양/이/와/ 엄/마/ 고/양/이/가/ '야/옹/야/옹'/ 울/고/ 있/어/요./

ㅈ 종/달/새/가/ '지/지/배/배'/ 즐/겁/게/ 노/래/해/요./

ㅊ 친/구/들/과/ 초/록/색/ 유/니/폼/을/ 입/고/ 축/구/를/ 해/요./

ㅋ 캥/거/루/와/ 코/알/라/는/ 새/끼/를/ 키/우/는/ 주/머/니/가/ 있/어/요./

ㅌ '타/박/타/박'/ 놀/이/터/에/서/ 걷/다/가/ 미/끄/럼/틀/을/ 타/요./

ㅍ 피/노/키/오/는/ 푸/른/요/정/에/게/ 편/지/를/ 쓰/고/ 우/표/도/ 붙/였/어/요./

ㅎ 할/머/니/와/ 할/아/버/지/께/서/ 동/요/ '허/수/아/비/ 아/저/씨'/를/ 하/모/니/카/로/ 연/주/하/셨/어/요./

## 2) 가부터 하까지 재미있는 발음 문장표

가 가/랑/비/에/ 옷/ 젖/듯/이/ 꾸/준/히/ 국/어/ 공/부/를/ 해/요./

나 나/비/가/ '나/풀/나/풀'/ 날/아/ 나/팔/꽃/의/ 나/뭇/잎/에/ 살/포/시/ 앉/았/어/요./

다 다/음/날/ 달/리/기/를/ 하/다/가/ 다/리/를/ 다/쳤/어/요./

라 라/디/오/에/서/ 흘/러/나/오/는/ '후/루/루/룩'/ 라/면/을/ 먹/는/ 광/고/를/ 들/어/요./

마 마/술/사/가/ 마/지/막/으/로/ 마/술/을/ 선/보/여/요./

바 바/닷/가/ 바/위/에/ 부/딪/히/는/ 파/도/ 소/리/가/ 들/리/나/요?/

사 사/랑/하/는/ 선/생/님/께/서/ 선/물/로/ 사/과/ 맛/ 사/탕/을/ 주/셨/어/요./

아 아/기/가/ 우/리/ 아/버/지/와/ 어/머/니/를/ 보/고/ 아/주/ 예/쁘/게/ 웃/어/요./

자 자/신/감/을/ 가/지/고/ 지/금/부/터/ 자/전/거/ 시/합/을/ 시/작/해/볼/까/

요?/
차 차/곡/차/곡/ 물/건/을/ 정/리/하/는/ 참/된/ 습/관/을/ 길/러/요./
카 카/페/에/서/ 클/래/식/을/ 들/으/며/ 캐/러/멜/ 케/이/크/와/ 쿠/키/를/ 먹/
어/요./
타 타/임/머/신/을/ 타/고/ 과/거/로/ 돌/아/가/ 흑/백/ 티/브/이/로/ 로/보/트/
태/권/브/이/를/ 보/고/ 싶/어/요./
파 파/란/하/늘/ 아/래/ 파/릇/파/릇/ 새/싹/이/ 돋/아/나/고/ 꽃/이/ 피/는/ 봄/
이/ 왔/어/요./
하 하/마/야,/ 넌/ 하/품/할/ 때/ 어/떤/ 소/리/를/ 내/니?/ '흐/하/하/하/함/'

이번에는 다음 네 가지의 주의해야 할 점을 제안하고 재미있는 발음 문장을 소리내어 읽는다.

첫째, 자음 'ㄱ~ㅎ'으로 만든 재미있는 발음 문장표를 읽고 난 후 처음 오는 자음 '초성'과 받침 자음 '종성'을 찾아 표시하기(밑줄 긋거나 동그라미로 표시하기)

둘째, 너무 느리지도 빠르지도 않게 일정한 속도로 읽기

셋째, 혀와 입술에 힘을 주고 입 크게 벌리고 읽기

넷째, 혀가 입 밖으로 돌출되지 않도록 읽기

3) 자음 'ㄱ~ㅎ'의 초성과 종성 재미있는 발음 문장표

ㄱ 개미들이 구불구불한 길을 기어 다녀요.
ㄴ 나무의 나이테는 나이를 의미해요.
ㄷ 드디어 두더지가 땅속으로 들어가요.
ㄹ 리자로 끝나는 말은 무엇일까요? 바로 소리, 오리, 유리, 자리, 항아리에요.
ㅁ 멧돼지가 멜론을 맛있게 먹고 있어요.
ㅂ 배우가 블라우스와 반바지를 입었어요.
ㅅ 산에 오르기 전에 숨을 내쉬었어요.
ㅇ 아기 고양이와 엄마 고양이가 '야옹야옹' 울고 있어요.
ㅈ 종달새가 '지지배배' 즐겁게 노래해요.
ㅊ 친구들과 초록색 유니폼을 입고 축구를 해요.

ㅋ 캥거루와 코알라는 새끼를 키우는 주머니가 있어요.
ㅌ '타박타박' 놀이터에서 걷다가 미끄럼틀을 타요.
ㅍ 피노키오는 푸른 요정에게 편지를 쓰고 우표도 붙였어요.
ㅎ 할머니와 할아버지께서 동요 '허수아비 아저씨'를 하모니카로 연주하셨어요.

### 4) 가부터 하까지 재미있는 발음 문장표

가 가랑비에 옷 젖듯이 꾸준히 국어 공부를 해요.
나 나비가 '나풀나풀' 날아 나팔꽃의 나뭇잎에 살포시 앉았어요.
다 다음날 달리기를 하다가 다리를 다쳤어요.
라 라디오에서 흘러나오는 '후루루룩' 라면을 먹는 광고를 들어요.
마 마술사가 마지막으로 마술을 선보여요.
바 바닷가 바위에 부딪히는 파도 소리가 들리나요?
사 사랑하는 선생님께서 선물로 사과 맛 사탕을 주셨어요.
아 아기가 우리 아버지와 어머니를 보고 아주 예쁘게 웃어요.
자 자신감을 가지고 지금부터 자전거 시합을 시작해볼까요?
차 차곡차곡 물건을 정리하는 참된 습관을 길러요.
카 카페에서 클래식을 들으며 캐러멜 케이크와 쿠키를 먹어요.
타 타임머신을 타고 과거로 돌아가 흑백 티브이로 로보트 태권브이를 보고 싶어요.
파 파란하늘 아래 파릇파릇 새싹이 돋아나고 꽃이 피는 봄이 왔어요.
하 하마야, 넌 하품할 때 어떤 소리를 내니? '흐하하하함'

　　자음 'ㄱ~ㅎ'의 초성과 종성 그리고 가부터 하까지로 구성한 문장들을 반복해서 읽고 연습하면 많은 관객 앞에서 대사를 말할 때 정확한 발음으로 전달력을 높이고 더불어 표현력도 향상할 수 있습니다.


## (3) 발표하기와 관람하기의 규칙
　<말하기, 듣기와 보기에도 규칙이 있어요!>

　　말하기, 즉 화술의 방법을 이해하기 시작하면 소리 내서 다양한 문

장을 읽는 발표하기 활동으로 이어집니다. 중급단계의 활동이긴 하나 말하기의 심화학습이 극본을 읽는 발표 활동으로 연결됩니다. 발표의 반복적인 경험은 일반 교과목의 수업에서 학생들의 말하기 실력을 향상시킬 수 있습니다. 극본을 가지고 친구들과 대사를 주고받으며 읽을 때 반드시 네 가지 규칙을 지켜야 합니다.

첫째, 무대 호흡법, 발성법, 발음법에서 학습한 대로 배에 힘을 주고 반의 인원수를 고려해 3번 혹은 5번 소리로 입을 크게 벌려 발음이 뭉개지지 않게 한다.

둘째, 학생들이 발표를 하다 보면 안짱다리로 서 있거나 칠판에 등을 기대고 서 있게 된다. 서 있는 자세에서는 양다리를 완전히 붙이기보다 살짝 벌리고 허리를 곧게 펴 바른 자세를 유지한다.

셋째, 시선은 정면을 보고 고개를 숙이지 않는다. 또한 옆모습을 보이거나 등을 돌리지 않는다.

마지막으로, 손에 극본을 들고 있을 경우 얼굴을 가리고 말하지 않도록 주의하고 자신의 가슴 쪽으로 극본을 내려 내 목소리가 멀리까지 전달되도록 한다.


다 함께 연극연습을 하는 동안 우리는 모두 배우이자 발표자인 동시에 관객이 되기도 합니다. 관객의 입장은 발표하는 사람을 바라보고 듣는 청중이라 할 수 있습니다. 저자가 최근 2년간 수업을 진행하면서 안타까운 점은 학생들의 경청하는 태도가 점점 저하되고 있다는 것입니다. 아동, 청소년들의 코로나 확진자가 증가하면서 어느 날 갑자기 온라인 수업으로 대체되기 일쑤입니다. 대부분 온라인에서 연극 수업을 진행할 때마다 선생님의 말씀에 제대로 경청하지 않은 채 대답하거나 심지어 눈을 최대한 밑으로 내린 후 딴짓하는 예도 종종 있었습니다. 저자는 연극 수업에서 학생들에게 듣기, 즉 경청하기가 평소 훈련이 되어야 수업 시간뿐 아니라 일상생활에서도 자기 생각을 정리해 조리 있게 말할 수 있다고 강조합니다. 말끝을 흐리는 학생, 질문에 무조건 단답형으로 말하는 학생, 핵심 주제를 벗어나 말하는 학생, 상대의 말은 듣지 않고 자신의 말만 하는 학생들의 경우 무조건 듣는 연습부터 시작해야 합니다. 그럼 효과적인 경청하기의 방법 더 나아가 관람하기의 지도방법은 어떻게 해야 할까요? 다음 네 가지의 규칙을 안내합니다.

첫째, 관람하기의 핵심은 듣기와 보기가 동시에 원활히 작용하면서 집중력을 최대한 발휘하는 데 있다. 평소 수업 시간에 선생님의 설명을 듣는 것은 들숨이고, 칠판의 판서 내용을 보는 것을 날숨이라는 사실을 학생들에게 반복해서 강조한다. 우리는 숨을 쉬지 않으면 살 수가 없다는 말로 듣기와 보기의 중요성을 일깨운다.

둘째, 친구들이 극본을 읽고 발표하는 활동을 할 때 지도하는 선생님께서는 단순히 학생들에게 관람할 것을 제안하기보다는 칠판에 발표자의 목소리의 크기, 높낮이, 표정, 자세의 4가지 항목을 판서하고 학생들은 공책에 작성한 후 토의하는 시간을 통해 올바른 관람하기 방법을 지도한다.

셋째, 친구들이 극본을 발표하는 시간 동안에 책상 위에 극본과 필기도구 외에는 불필요한 학용품은 올려놓지 않도록 지도한다. 수업과 관련 없는 다른 물건이 있으면 자꾸 손으로 만지작만지작하며 관람의 집중도가 낮아진다.

마지막으로, 관람할 때는 바른 자세로 앉아서 무조건 발표하는 친구를 바라본다. 또한 앞, 뒤, 옆 친구와 사적인 대화를 하지 않고 발표하는 친구의 말을 중간에 끊지 않도록 사전에 규칙을 정한다.

위의 발표하기와 관람하기의 규칙을 준수하는 것은 기본적인 말하기, 듣기, 보기의 학습 태도라고 할 수 있습니다. 단지 연극공연을 하기 위한 절차가 아닌 수업 시간에도 규칙을 적용하면 학생들의 긍정적인 변화가 서서히 시작될 것입니다.

## (4) SOS! 역할설정은 어떻게 해요?
　　<오디션과 캐스팅, 그것들이 알고 싶다!>

### "모든 학생이 공평하게 역할을 맡는 방법이 있나요?"

이 질문은 연극연습을 하는 동안 담임 선생님들께서 가장 궁금해하는 내용입니다. 극본 읽기의 단계가 지나면 학생들이 자신이 선호하는 역할이 하나둘씩 생기게 됩니다. 서로 하고 싶은 역할이 겹치지 않으면 좋겠지만 그렇지 않은 경우가 많아서 공정한 배역 설정을 위해 오디션과 캐스팅의 단계를 거쳐야 합니다. 학생들에게 영어로 표기된 오디션과 캐스팅을 설명하면 받아들이기 어려워합니다. 그래서 저자는 다음과 같이 뜻과 의미를 만들었습니다.

　　−오디션이란? 역할을 정하기 위한 <u>배우 시험</u>이다. 필기나 쪽지 시험이 아닌 내가 하고 싶은 역할을 생각하고 배우 시험에 지원해 큰 목소리와 정확한 발음으로 대사를 읽는다. 배우는 아름다운

우리말을 관객들에게 전달하는 사람이므로 발성과 발음에 주의해야 한다.

- 캐스팅이란? <u>역할 정하기</u>이고 학생들이 모두 심사위원이 되어 비밀투표를 하고 후보배우 가운데 가장 많은 표를 받은 배우가 선정된다.

오디션과 캐스팅에 대해 안내한 후 극본에 등장하는 인물들 가운데 주인공에게만 관객들이 눈길과 관심을 주는 것이 아니라 출연하는 모든 역할에 존재감이 있고 작은 역할은 없다는 것을 학생들에게 충분히 설명합니다. 그리고 다음의 설문지를 학생들에게 배부하고 자신이 하고 싶은 역할을 순서대로 작성하도록 제안합니다. 다음 설문지의 예시와 실제 사례를 참고하세요.

---

### 내가 하고 싶은 역할은?

(      )학년 (      )반  이름(            )

극본을 읽고 내가 하고 싶은 역할을 순서대로 한 가지씩 작성해보세요.

1. (                    )
2. (                    )
3. (                    )

---

# 내가 하고 싶은 역할은?

( 2 )반 이름(　　　　　)

극본을 읽고 내가 하고 싶은 역할을 순서대로 한 가지씩 작성해보세요.

1. ( 학생소 믿음이　　　　　)

2. ( 카폭학생조 – 카폭방관자 )

3. ( 엄마조 – 부담엄마　　　)

학생들이 제출한 설문지를 참고하여 극본의 첫 장에 기입된 각각의 등장인물에 학생들의 이름을 모두 작성합니다. 준비가 완료되면 선생님들은 학생들에게 오디션과 캐스팅을 시작하겠다고 알리며 간략하게 규칙과 주의해야 할 사항을 설명합니다. 만일 자신이 선호하는 역할을 작성한 학생들을 호명할 때 한 명일 경우 단독으로 캐스팅이 되겠지만 지원자가 둘이 되면 오디션을 통해 캐스팅이 이루어진다고 안내합니다. 극본의 등장인물의 수가 학생 수보다 많을 경우 한 학생이 두 개의 역할도 동시에 할 수 있으며 이것을 1인 2역이라고 설명합니다. 다만 두 개의 각기 다른 역할을 소화하려면 여유로운 시간을 가지고 등장해야 하므로 극본을 자세히 읽고 장면별로 지원한 역할의 동선과 등장이 겹치지 않는지 살펴봐야 합니다.

오디션의 방식은 지원한 역할의 대사를 한 명씩 읽은 후 반 친구들이 모두 심사위원이 되어 비밀투표를 하게 됩니다. 비밀투표 방식은 책상에 모든 학생의 고개를 숙이게 하고 눈을 감은 후 선생님께서 오디션에 응시한 학생 이름을 순서대로 말하면 손을 높게 들어 가장 많은 표를 받은 학생을 캐스팅합니다. 예를 들면, "곽○○학생이 우리 반의 연극공연을 위해 '응원이' 역할을 해줬으면 좋겠다는 친구는 손을 높게 들어주세요."라고 말하고 소중한 한 표를 행사할 수 있도록 올바른 방향으로 이끕니다.

여기서 주의해야 할 사항은 세 가지입니다.

첫째, 비밀투표이기 때문에 몇 표를 받았는지 또는 어떤 학생이 손을 들었는지에 대해 익명성을 절대적으로 보장해야 합니다.

둘째, 자신이 원하는 역할에 캐스팅이 되지 않더라도 다른 친구를 향해 비난하거나 속상한 감정을 겉으로 표출하지 않도록 부탁합니다. 간혹 학생들에게 자연스럽게 발생하는 화를 내거나 눈물을 보이는 등의 부정적인 감정은 절대적으로 숨기도록 안내하기보다는 캐스팅의 기회가 충분히 열려있음을 격려하는 것도 좋은 방법입니다.

마지막으로, 오디션을 본 학생이더라도 자신에게 투표를 하는 것도 가능하다고 알려줍니다. 간혹 설문지에 자신이 선호하는 역할로는 작성하지는 않았지만 반 친구들의 적극적인 추천을 받은 학생이 있으면 그 학생에게 의사를 물어본 후 오디션을 통해 캐스팅의 여부를 살펴봅니다.

위의 사항을 고려해 최종적으로 캐스팅이 결정되면 자신이 맡은 역할로 극본을 읽는 활동으로 연결합니다. 학생들에게 연극공연을 무대 위에서 창조하기 위해 집중과 협동이 필요함을 언급해야 합니다. 이를 통해 오디션에서 캐스팅이 되기 위해 집중하여 최선을 다해 극본을 읽고 캐스팅을 통해 성취감도 느끼게 됩니다. 그뿐만 아니라 모든 학생이 공동의 목표를 세우고 본격적인 움직임과 장면 만들기의 준비를 할 수 있습니다.

 꿀TIP **선생님이 학생들과 함께 오디션과 캐스팅의 활동을 어떻게 진행하나요?**

선생님은 다음 표를 참고하여 오디션과 캐스팅의 활동에서 활용할 수 있습니다. 오디션이 시작되면 표를 보고 학생 이름을 크게 호명하고 후보 배우라고 소개합니다. 캐스팅을 통해 역할이 선정되면 학생 이름에 밑줄을 긋거나 동그라미로 표시를 합니다.

| 작품명 | Talk!Talk!(톡!톡!) 고민을 말해봐 |
|---|---|
| 등장인물 | 학생 이름 |
| 해결사 | 예: 김유신, 세종대왕, 이순신, |
| 안내자 | 예: 박문수, 이황 |
| 학생조: 고민이 | |
| 학생조: 도움이 | |
| 학생조: 억울이 | |
| 학생조: 믿음이 | 예: 문익점, 장보고, 정도전 |
| 학생조: 응원이 | |
| 엄마조: 명령엄마 | |
| 엄마조: 강요엄마 | 예: 신사임당, 유관순 |
| 엄마조: 명심엄마 | |
| 엄마조: 경쟁엄마 | |

| | |
|---|---|
| 엄마조: 부담엄마 | |
| 사폭학생조:<br>사폭주동자 | |
| 사폭학생조:<br>사폭추종자 | |
| 사폭학생조:<br>사폭동조자 | 예: (강감찬) 이성계 |
| 사폭학생조:<br>사폭공격자 | |
| 사폭학생조:<br>사폭방관자 | |
| 솔루션엔젤조:<br>솔루션엔젤일 | |
| 솔루션엔젤조:<br>솔루션엔젤이 | |
| 솔루션엔젤조:<br>솔루션엔젤삼 | |
| 솔루션엔젤조:<br>솔루션엔젤사 | 예: 최무선, (한석봉) |

 꿀TIP **오디션과 캐스팅을 통해 학생이 지원한 역할 가운데<br>하나라도 최종 선정되지 못했을 때는 어떻게 하나요?**

보통 학생 수를 고려하여 극본을 선정하기 때문에 학생 수가 극본에서 주어진 역할보다 많지 않은 이상 역할은 반드시 남게 됩니다. 역할을 아직 받지 못한 학생들이 있다면 남아있는 역할에 오디션을 보고 캐스팅의 과정을 거쳐 최종적으로 역할을 정합니다.

 꿀TIP **특수아동이 있으면 오디션과 캐스팅은 어떻게 하나요?**

Chapter 02에 7편의 극본이 수록되어 있고 등장인물에 안내자의 역할이 기입되어 있습니다. 반의 특수아동이 있으면 이 안내자의 역할을 맡게 합니다. 하고 싶은 역할의 설문지를 작성할 때 안내자는 정해졌으므로 학생들에게 해당 역할은 제외하고 작성할 것을 권유합니다. 극본을 자세히 살펴보면 보통 4~5장 혹은 7장으로 장면을 구성하였고 장마다 소제목을 작성하였습니다. 안내자는 장면이 바뀔 때마다 소제목이 쓰여진 피켓(단어 카드)을 들고 무대에 등장합니다. 무대 위에서 관객들에게 피켓(단어 카드)을 보여주고 퇴장하는 것으로 연극연습을 진행합니다. 개인차가 존재하겠지만 연습을 통해 특수아동이 말하기가 가능할 경우 피켓(단어 카드)을 들고 관객들에게 말하기를 선보임으로써 읽기의 능력을 향상하고 자발성을 높이는 교육적 효과를 기대할 수 있습니다.

# ② 중급단계

## (1) 극본 읽기 전 알아야 할 기본적인 용어

### 1) 극본 이해하기

극본 읽기의 기본을 배우기에 앞서 우선 극본이 무엇인가에 대해 학생들에게 이해하기 쉽게 설명해주는 것이 필요합니다. 학교에서 담임 선생님과 수업을 할 때 교과서를 보고 공부를 하듯 연극을 하기 위해서는 극본으로 줄거리, 등장인물, 작품의 내용을 파악할 수 있습니다. 정리하면 극본은 연극을 하기 위해 배우에게 필요한 작은 교과서(Mini Book, 미니북)라고 소개합니다.

### 2) 대사의 종류 살펴보기

극본은 연극의 기본적인 4요소(극본, 배우, 관객, 무대)에서 첫 번째로 해당하는 가장 중요한 요소이므로 극본 읽기와 더불어 극본을 바탕으로 등장인물의 성격을 분석하고 장면 만들기의 활동으로 이어진다는 점을 학생들에게 강조하는 것을 추천합니다. 참고로 극본은 희곡 혹은 대본이라는 용어로 혼용할 수 있다는 것도 알려주면 좋습니다. 극본에는 등장인물마다 말할 수 있는 단어, 문구, 문장으로 구성되어 있습니다. 이와 같은 글을 극본에서는 대사라고 합니다. 즉, 역할에 선정된 배우들은 반복적인 대사 읽기 연습을 통해 말하는 순서와 약속을 기억하게 됩니다. 극본에서 대사는 독백, 대화, 방백 총 3가지의 종류로 분류할 수 있고 각각의 뜻과 예시는 다음과 같습니다.

**1. 독백: 무대 위에서 배우가 등장하여 말하는 혼잣말 형식의 대사이다.**

예시 1

마음이: (속삭이는 목소리로) 쉿, 마음이 해마에게 소곤거리고 있네요. 너는 끄적 끄적 그린 기억 기관이야.

예시 2

씩씩이: (손으로 배를 움켜쥐며) 아, 배고파! 엄마한테 맛있는 로제 떡볶이 만들 어 달라고 해야지.

**2. 대화: 무대 위에서 배우 2인 이상이 서로 주고받는 대사이다. 남학생과 여학생 의 대화, 남학생들 사이에서 대화, 여학생들 사이에서 대화의 3가지 유형의 대 사를 안내한다.**

예시 1 남학생, 여학생

심술이: (화를 버럭 내며) 내가 약속 못 지켜 미안하다고 세 번이나 말한 것 같 은데? 친구니까 충분히 이해할 수 있잖아.

믿음이: (차분하고 부드러운 말투로) 진정한 친구라고 생각하니까 믿은 만큼 실 망이 큰 거야. 네가 솔직하게 말했다면 내가 이렇게까지 화내지 않아. 왜 자꾸 거짓말에 변명만 늘어놓는 거야?

예시 2 남학생, 남학생

우정이: (턱에 손을 괴며) 너랑 나랑 몇 년 친군데 나한테는 좀 솔직해져 봐. 이 래 봐도 내가 연애 상담 전문가 아니냐.

겁쟁이: 사실, 사랑이랑 친해진 건 사실이야. 좋아하는 마음은 있는데 가까이 다 가갈 방법을 모르겠어.

예시3 여학생, 여학생

희망이: 난 대학생이 되면 배낭여행으로 캐나다에 꼭 갈 거야. 토론토에 있는 우 드빈(우드바인) 비치가 명소라고 하던데?

자람이: 잠깐만, 나 거기서 하는 불꽃놀이 영상으로 본 적 있는데……, (두 손을 모으고 환한 표정을 지으며) 정말 환상적이었어.

**3. 방백:** 무대 위에는 여러 명의 배우가 등장한다. 배우가 혼자서 말하는 대사이지만 다른 배우가 알아듣지 못하고 관객을 향해 말하는 대사이다(*독백과 유사하지만 서로 약속하여 함께 등장한 다른 배우는 듣지 않은 척 연기한다).

예시 1

멋쟁이:　(무대 위에서 관객을 향해 거울을 보듯 자신의 머리를 만진다.)

열정이:　(관객을 향해 말하며) 여러분, 제 친구를 봐주세요. (양손의 엄지를 세운다.) 우리 학교에서 최고의 멋쟁이랍니다.

예시 2

행복이:　난 겨울이 제일 좋아. 춥지만 맛있는 길거리 간식들이 너무 많잖아.

신남이:　(손가락으로 세며) 어묵, 군고구마, 붕어빵, 호떡, 호빵.

행복이:　난 호떡에 한 표. 거기에 어묵 국물까지 한입!

신남이:　오, 찰떡궁합이지.

행복이:　(입맛을 다시며) 생각만 해도 군침 돌아. (무대 밖으로 퇴장하며) 더는 못 참겠어. 지금 당장 사 먹으러 가야지.

신남이:　(관객을 향해 말하며) 겨울 간식 즐기러 Let's go!

💡 **꿀TIP** 괄호 안에 있는 말은 무엇인가요?

지문으로 등장인물의 행동, 감정, 성격, 표정을 알 수 있습니다. 이를 통해 움직임(몸짓언어), 제스처(손짓언어)와 어조, 억양, 말투, 강조를 활용해 연기로 실감 나게 표현할 수 있습니다.

　　수학 문제를 풀 때 수학 공식을 적용해야 답을 구할 수 있는 것처럼 극본, 배우, 관객, 무대라는 4가지의 요소가 반드시 갖춰져야 비로소 연극이라고 말할 수 있습니다. 상황에 따라 무대를 제외하더라도 극본, 배우, 관객의 한 가지 요소라도 빠져 있으면 연극이라고 할 수 없습니다. 그러므로 연극을 하기 위해서 배우들은 극본에 제시된 대사를 바탕으로 관객들이 자신들의 눈앞에 존재한다는 가정하에 극본 읽는 연습을 꾸준히 해야 할 것입니다.

## 3) 극본의 4가지 결말 적용하기

극본을 읽기 전 학생들은 극본의 결말이 어떠한지 궁금해 질문을 하는 경우가 있습니다. TV 드라마, 영화에 대한 줄거리를 약 15분 내에 영상으로 편집하고 결말까지 알려주는 블로그나 유튜브 콘텐츠가 많아지면서 보이는 현상입니다. 인터넷에서는 간략하게 영상으로 편집하여 소개하였지만 배우들이 수차례 대사를 연습했고 감독, 스태프가 한 장면을 만들기 위해 얼마나 공들여서 촬영하는지 설명하면 학생들은 숙연해집니다. 앞서 대사의 종류에서 살펴보았듯 극본은 연극에서 첫 번째로 필요한 요소임을 다시 한번 강조하며 극의 후반부까지 끝까지 읽고 결말을 찾는 활동으로 이끕니다.

극본을 다 읽고 난 후 연극을 비롯한 드라마, 영화, 뮤지컬 그리고 동화, 소설, 수필의 결말은 크게 4가지로 구분할 수 있다고 설명합니다. 다음 소개하는 결말의 종류를 바탕으로 교과서에서 등장하는 문학작품에도 적용할 수 있습니다.

| 항목 | 결말의 종류 |
|---|---|
| 1 | 행복, 즐거움, 기쁨, 환희의 교훈을 담고 있는 결말은 한글로는 희극입니다. 영어는 해피 엔딩이라 말한다. 여기서 주의할 점은 학생들이 희극과 희곡(극본, 대본)의 뜻을 혼동하지 않도록 설명하는 것이다. |
| 2 | 슬픔, 아픔, 다침, 상처, 헤어짐으로 끝나는 결말은 비극에 해당하고 영어는 새드 엔딩이라 말한다. |
| 3 | 죽음으로 끝나는 결말이고 새드 엔딩과 같이 비극에 속하며 영어는 배드 엔딩이라 말한다. |
| 4 | 작가가 관객, 시청자, 독자들에게 결말을 스스로 생각하도록 권한을 주었기에 열린 결말이자 오픈 엔딩이라 말한다. 많은 관객, 시청자, 독자들의 의견 및 평가가 서로 다른 결말의 종류이다. 작가가 정확하게 끝맺음을 하지 않고 궁금증을 자아내거나 모호한 문장 혹은 대사로 작성하였기 때문에 열린 결말, 오픈 엔딩이라 할 수 있다. |

## (2) 대사와 말하기 속도의 관계 알기

극본에서 대사를 읽는 활동에 들어가기 전, 선생님께서는 그림 그리기에 비유하여 설명하면 학생들이 이해하는 데 도움이 됩니다.

**"여러분, 흰 도화지에 내가 그리고 싶은 것을 그릴 때 아무런 계획 없이 무작정 그리기보다는 연필을 사용해 밑그림(스케치)을 그리면 더욱 멋지고 예쁜 그림을 그릴 수 있습니다.**
**이처럼 대본을 읽는 활동도 머릿속에 장면을 먼저 떠올리고 상상하며 밑그림(스케치)을 그리는 중요한 단계랍니다. 쓱쓱! 머릿속으로 밑그림(스케치)을 그리듯 대본을 천천히 읽어봅시다."**

대사 읽기에 대한 설명이 끝나면 학생들과 쉼표, 마침표, 느낌표, 물음표를 찾아 표시하고 말하기 연습을 합니다. 쉼표(,)는 '/'으로 표시해 한 번 쉬고, 마침표(.), 느낌표(!), 물음표(?)는 '//'으로 표시해 두 번 숨을 쉬도록 지도합니다. 특히 쉼표는 대사의 길이에 따라 표시하지 않는 경우가 있어 숨어있는 쉼표를 찾아 반드시 표시하고 꾸준히 읽는 연습을 하면 호흡조절이 가능해져 일정한 속도로 말하게 됩니다. 나아가 극본의 지문에서 제시된 등장인물의 감정 상태를 자연스럽게 표현하는 읽기, 말하기 능력도 향상됩니다. 다음 예시 대사를 읽으며 말하는 속도를 알맞게 조절하는 기술을 익힐 수 있습니다.

---

해설가:　어느 날 '나의 진로 찾기'라는 수업에서 조를 편성하고/ 각자 희망하는 직업에 대해 토의를 하게 되었어요.// 그런데 갑자기 정말임이 토의주제

|  |  |
|---|---|
| | 와 관계없는/ 미래에 사라질 직업군을 말하기 시작했어요.// |
| 정말임: | (자신감 있게 큰 목소리로) 미래에는 판사라는 직업이 사라질 거 같아!// 왜냐하면 AI가 최첨단으로 발달하면서 판사 로봇을 개발하면 사람보다 빠르게 판결을 내릴 수 있기 때문이지.// |
| 해설가: | 고수다는 정말임의 말을 듣고/ 국어 시간에 배운 사자성어를 활용하여/ 논리적으로 반박을 했어요.// |
| 고수다: | (중간 목소리와 부드러운 말투로) 난 네 말이 *어불성설이라고 생각해.// 지금은 4차 산업혁명 시대이고 앞으로 훌륭한 과학자들에 의해 AI가 꾸준히 발전할 수 있어.// 하지만 AI로 만든 판사 로봇은 사람처럼 느끼고 생각할 수 있는 이성과 감정이 없어/ 현명하고 지혜로운 판결을 내리기에는 역부족이지 않을까?// |

*어불성설(語不成說): 말씀 어, 아닐 불, 이룰 성, 말씀 설/말이 이치에 맞지 않는다.

대사를 읽을 때 속도를 조절함으로써 관객들에게 등장인물이 처한 상황, 인물의 감정, 인물들 간의 관계, 극의 흐름, 장면소개 등을 강조할 수 있습니다. 학생들에게 속도의 정도를 숫자로 설명하면 쉽게 이해합니다. 말하기 속도는 숫자에 적용하고 1은 매우 느린 말하기, 5는 보통 즉, 중간 속도로 말하기, 10은 매우 빠른 말하기로 정합니다. 이해를 돕기 위해 다음 화살표를 참고하세요.

다음 표에 제시된 속도를 바탕으로 대사를 어떤 방식으로 강조하는지 살펴보고 학생들이 소리 내어 읽도록 도와줍니다.

| 숫자 | 속도 | 대사 종류 | 대사 | 강조내용 |
|---|---|---|---|---|
| 1 | 매우 느리게 | 독백 | 느림이: (할머니께 가까이 다가가 아주 천천히 말하며) 열세 살이라고요. | 귀가 잘 들리지 않으시는 할머니의 질문에 등장인물이 아주 천천히 대답한다. |
| 3 | 느리게 | 방백 | 무대의 배경은 교실이고 쉬는 시간에 4명의 학생이 모여 있다. 억울이는 자리에 혼자 앉아 중얼거린다.<br>억울이: (울먹이며) 친구들은 왜 나랑 안 놀아주는 걸까? | 등장인물의 속상하고 힘든 감정을 담아 울먹이듯 말한다. |
| 5 | 보통 (중간) | 대화 | 기쁨이: 깜찍아, 생일에 가장 갖고 싶은 선물이 뭐야?<br>깜찍이: (밝게 웃으며) 있잖아, 난 다이어리가 갖고 싶어. | 일상에서 친구들끼리 대화하듯 일반적인 말하기 속도로 하고 싶은 말을 서로 주고받는다. |
| 7 | 빠르게 | 대화 | 쌍둥이 첫째 오리: (잘난 척하며) 내가 너보다 물속에서 빨리 헤엄칠 걸?<br>쌍둥이 둘째 오리: (흥분하며) 흥, 길고 짧은 건 대봐야 아는 법! | 쌍둥이 둘째 오리는 첫째 오리가 자신의 수영솜씨를 잘난 척하자 이에 반응하여 점점 빠르게 말한다. |
| 10 | 매우 빠르게 | 독백 | 바름이: (헐레벌떡 뛰며) 기다려, 금방 갈게. | 등장인물이 무대 위에서 뛰는 행동과 함께 아주 빠르게 말한다. |

이번에는 Chapter 02에 수록된 연극공연을 위한 극본들 가운데 5편을 중심으로 다양한 속도를 통해 대사를 강조하는 방법을 다음 표에 정리하였습니다.

| 숫자 | 속도 | 대사 종류 | 대사 | 강조내용 |
|---|---|---|---|---|
| 1 | 매우 느리게 | 대화 | 담임 선생님: 오늘 우리 반으로 전학 온 용기필요해입니다. 지금부터 자기소개를 해볼까요?<br>용기필요해: (친구들의 눈을 쳐다보지 못하고 말을 더듬거리며) 아안……녕……만나……서 반가……워. | 극본『보이는 라디오 마음의 놀이터』의 제4장 Habit Solution 2에서 용기필요해는 남들 앞에서 말할 때 말을 더듬거리는 습관이 있다. 용기필요해의 불안하고 자신감 없는 감정을 표현하기 위해 아주 천천히 더듬거리며 말한다. |
| 3 | 느리게 | 대화 | 엄청도전이: 사실 내 꿈은 셀 수 없을 만큼 엄청 많아. (오른손 엄지손가락부터 새끼손가락까지 차례대로 접으며) 영어 선생님, 회계사, 수의사, 건축가, 요리사.<br>왕창도전이: 나도나도! (왼손 엄지손가락부터 새끼손가락까지 차례대로 접으며) 바리스타, 비행기 조종사, 외교관, 판사, 은행원. | 극본『꿈의 모양』의 제4장 도전하는 꿈에서 엄청도전이와 왕창도전이는 자신들의 꿈에 대해 다른 등장인물에게 잘 전달되도록 천천히 소개한다. |
| 5 | 보통 (중간) | 방백 | 신경과 의사: 여러분, 안녕하세요. 전 신경과 의사예요. 치매가 불치병이라는 사실은 다 알고 계시죠? 점차 시간이 흐를수록 최근 기억부터 과거의 기억까지 감퇴하면서 결국 모든 기억을 잃게 됩니다. 치매 환자들에게 조금의 위안이라도 드리고 싶어요. 만약 치매가 나쁜 기억만 잃는 병이라면 얼마나 좋을까요? 요즘에 제가 치료하는 치매 환자를 보면 돌아가신 저희 할머니가 자꾸만 생각납니다. 할머니께서 저를 기억하지 못하셔도 괜찮아요. 제가 할머니를 생생하게 기억하고 있으니까요. 그때 그 시절로 돌아갈 수만 있다면 할머니를 꼭 안아드리고 싶어요. | 극본『나빌레라』의 제2장 기억 속으로에서 가/나/다/마환자가 무대 위에 등장해 있지만 신경과 의사는 극의 상황을 이해시키기 위해 관객들에게 중간 속도로 대사(방백)한다. |
| 7 | 빠르게 | 대화 | 고민이: 우리 엄마도 내일부터 학교 다닌다. 우와! 이런 방법이 있었구나. 해결사님, 감사합니다.<br>억울이: (손을 높이 들고) 저도요! 저 | 극본『Talk!Talk!(톡!톡!) 고민을 말해봐』의 제2장 고민을 말해봐에서 고민이의 고민이 해결사에 의해 풀리자 억울이는 해 |

| 숫자 | 속도 | 대사 종류 | 대사 | 강조내용 |
|---|---|---|---|---|
| | | | 도 해결해주세요. | 결사에게 고민을 긴급 요청한다. |
| 10 | 매우 빠르게 | 독백 | 작가: (무대에서 효과음 기차 소리가 흘러나온다.) 이제 곧 행복 기차가 출발합니다. 자, 어서 동행하시죠. (작가는 의자를 들고 무대 밖으로 퇴장한다.) | 극본『행복 기차로 떠나는 인생여행』의 제1장 작가와 함께에서 독백 대사가 끝날 무렵 기차가 출발하는 효과음이 흐르자 관객들을 향해 여행에 함께 동행할 것을 권유한다. "자, 어서 동행하시죠."의 대사는 아주 빠른 속도로 말하고 관객들에게 어떤 여행이 시작될 것인가에 대해 궁금증을 유발한다. |

## (3) 다양한 감정 색깔로 대사 표현하기

인간의 정서와 감정이 지닌 개념 자체는 추상적이고 주관적이므로 명확한 정의를 내리거나 이를 함축시켜 요약하는 데는 어려움이 따릅니다. 그 이유는 인간의 뇌는 마주하는 상황과 현상에 의해 기억과 감정이 다르기 때문입니다. 감정의 뇌라고 불리는 변연계는 편도체와 해마로 구분할 수 있는데 전자는 섬세한 감정 및 정서표현을 하고 후자는 기억의 기능을 담당합니다. 21세기를 살아가고 있는 우리는 복잡한 사회를 살아가면서 변연계의 역할을 활용해 타인의 감정을 자신의 감정으로 수용하고 공감하는 능력이 무엇보다 필요합니다. 연극에서 등장하는 주인공이 누군가의 방해를 받으며 고통을 겪을 때 관객들은 공감하며 슬픈 감정을 느낍니다. 타인의 감정을 거울을 보듯 마치 자신이 겪은 감정처럼 느낄 때 활성화되는 신경세포를 일컬어 거울 뉴런 혹은 공감 뉴런이라 합니다. 학생들은 극본 속 역할들의 다양한 희로애락의 감정을 대사로 표현하며 단순히 이해와 수용의 차원을 넘어 공감의 본질을 인식할 수 있습니다.

우리가 표현할 수 있는 감정은 크게 긍정과 부정으로 구분할 수 있습니다. 이 장에서는 대표적인 긍정과 부정의 감정을 각 4개씩 선정하고 감정의 색깔을 입혀 대사로 표현하는 방법을 알아보겠습니다. 학생들은 대사를 읽을 때 감정을 표현하는 것에 많은 어려움을 느낍니다. 선생님께서 학생들에게 설명할 때, 감정 표현이란 앞서 언급한 밑그림에 다양한 색을 칠해보는 활동임을 인지시키는 것도 창의적인 학습방법입니다.

"자, 여러분! 그림 그리기에서 밑그림(스케치)이 끝났다면
그다음은 무엇을 해야 할까요?
네, 바로 알록달록하게 색을 칠하는 것입니다.
대사를 읽으면서 감정을 표현하기는
밑그림(스케치)한 것에 색을 입히는 과정과 같습니다."

일상생활뿐 아니라 작품에서도 가장 많이 표현되는 긍정 감정은 기쁨(혹은 행복함), 즐거움(혹은 신남), 설렘, 고마움(혹은 감사함)이 있고 부정 감정에는 슬픔, 화남, 놀람, 피곤함이 있습니다. 각 감정을 구분하여 감탄사를 포함한 대사를 바탕으로 속도(느린, 보통, 빠른)와 소리의 크기(1, 3, 5번)에 따라 다양하게 연습할 수 있습니다.

## 1) 긍정 감정으로 대사 표현하기

| 긍정적인 감정 | 대사 | 속도 | 소리의 크기 |
|---|---|---|---|
| 기쁨<br>(혹은 행복함) | 까르르, 드디어 내가 수학시험에서 백 점을 받다니……. | 빠른 속도 | 5번 |
| 즐거움<br>(혹은 신남) | 와우, 네 글솜씨는 정말 훌륭해! | 빠른 속도 | 5번 |
| 설렘 | 야호! 우리가 함께 힘을 합치면 뭐든 할 수 있어. | 느린 속도 | 1번 |
| 고마움<br>(혹은 감사함) | 어머나, 도와줘서 진짜 고마워. | 일정한 속도 | 3번 |

## 2) 부정 감정으로 대사 표현하기

| 부정적인 감정 | 대사 | 속도 | 소리의 크기 |
|---|---|---|---|
| 슬픔 | 아아, 아무것도 하기 싫어, 너무 우울해. | 일정한 속도 | 3번 |
| 화남 | 흥, 네가 내 말을 무시해? | 빠른 속도 | 5번 |
| 놀람 | 어이쿠, 깜짝이야! 심장 떨어질 뻔했네. | 빠른 속도 | 5번 |
| 피곤함 | (하품하며) 아음, 졸려. 눈꺼풀이 무거워! | 느린 속도 | 1번 |

## (4) 대사 창작하기

학생들과 반복해서 극본을 읽으면 "선생님, 저도 대사 만들고 싶어요!"라고 말하며 창작의 욕구를 보입니다. 저자는 연극 수업을 진행하면서 학생이 창작의 즐거움과 성취감을 느낄 수 있도록 조를 편성하여 대사를 창작하는 활동을 진행한 적이 종종 있습니다. 이때, 선생님께서는 학생들이 대사를 스스로 창작할 수 있도록 문장의 표현법을 알려줍니다. 극본에서 펼쳐지는 상황에 알맞게 문어체(글의 말)와 구어체(입의 말)를 적절히 사용하여 대사를 창작할 수 있도록 설명하는 것이 필요합니다. 문어체는 뉴스, 광고, 발표, 연설 등과 같은 상황에서 말하는 글의 표현법으로 육하원칙에 준수한다는 것이 특징입니다. 대표적인 예는 **"여러분, 폭염 특보를 안내합니다. 기상캐스터는 오늘 아침 일기예보에서 여름철의 하루 최고기온이 2일 이상 35도가 지속되는 폭염 경보를 발표했습니다."**의 문장이 있습니다. 구어체는 일상생활에서 친구와 가족, 선생님들과 나누는 입의 말 표현법으로 문장의 순서가 바뀌거나 생략될 수 있고 말 표현이 자연스럽다는 특징이 있습니다. 극본 『보이는 라디오 마음 놀이터』에서 학생들이 대사를 손수 창작할 수 있도록 빈칸을 마련하였습니다. 학생들이 구어체를 활용해 직접 창작한 대사의 다양한 사례를 아래와 같이 소개합니다.

---

라디오 DJ 1: 게임러버님께는 스마트폰을 적절히 사용하는 방법에 대해 알려드려야 할 것 같아요. 제가 생각한 방법은 <u>한번에 사용시간을 줄이기보다는 조금씩 사용시간을 줄여가며 스마트폰을 사용했으면 좋겠어요.</u>

---

라디오 DJ 1: 게임러버님께는 스마트폰을 적절히 사용하는 방법에 대해 알려드려야 할 것 같아요. 제가 생각한 방법은 <u>한번에 사용시간을 줄이기보다는 조금씩 사용시간을 줄여가며 스마트폰을 사용했으면 좋겠어요.</u>

---

라디오 DJ 1: 게임러버님께는 스마트폰을 적절히 사용하는 방법에 대해 알려드려야 할 것 같아요. 제가 생각한 방법은 <u>1주일에 3일을 정해서 숙제를 다하고 나면 1시간만 게임을 해요.</u>

라디오 DJ 1: 게임러버님께는 스마트폰을 적절히 사용하는 방법에 대해 알려드려야 할 것 같아요. 제가 생각한 방법은 <u>1주일에 3일을 정해서 숙제를 다 하고 나면 1시간만 게임을 해요.</u>

라디오 DJ 1: 게임러버님께는 스마트폰을 적절히 사용하는 방법에 대해 알려드려야 할 것 같아요. 제가 생각한 방법은 <u>스마트폰을 사용할때 알람을 설정해 놓고 정해진 시간 동안 사용해요</u>

라디오 DJ 1: 게임러버님께는 스마트폰을 적절히 사용하는 방법에 대해 알려드려야 할 것 같아요. 제가 생각한 방법은 <u>스마트폰을 사용할 때 알람을 설정해 놓고 정해진 시간 동안 사용해요.</u>

라디오 DJ 2: 저도 용기필요해님께 해결 방법을 제시할게요. 이런 방법은 어떨까요? <u>거울을 보고 말하는 연습을 많이 해보세요 그리고 뉴스 멘트를 따라말하는 연습을 하면 좋겠네요.</u>

라디오 DJ 2 : 저도 용기필요해님께 해결 방법을 제시할게요. 이런 방법은 어떨까요? <u>거울을 보고 말하는 연습을 많이 해보세요. 그리고 뉴스 멘트를 따라 말하는 연습을 하면 좋겠네요.</u>

라디오 DJ 2: 저도 용기필요해님께 해결 방법을 제시할게요. 이런 방법은 어떨까요? <u>TV에 나오는 말에 맞장구 쳐서 말하는 걸 연습해요</u>

라디오 DJ 2 : 저도 용기필요해님께 해결 방법을 제시할게요. 이런 방법은 어떨까요? <u>TV에 나오는 말에 맞장구쳐서 말하는 걸 연습해요.</u>

라디오 DJ 2: 저도 용기필요해님께 해결 방법을 제시할게요. 이런 방법은 어떨까요?

먼저, 가족들이나 친구들 앞에서 발표 해 보는 거예요. 익숙한 사람들 앞에서 말하다면 사람들에게 말할 없는 기를 수 있게 않을까요? 또한 이 일에 익숙해지면 말할 때의 자신감도 생기고 얼굴을 쳐다보며 당당하게 말할 수도 있을 거라고 생각해요.

---

라디오 DJ 2 : 저도 용기필요해님께 해결 방법을 제시할게요. 이런 방법은 어떨까요?
먼저, 가족들이나 친구들 앞에서 발표해 보는 거예요. 익숙한 사람들 앞에서 말하다 보면 사람들에게 말하는 법을 기를 수 있지 않을까요? 또한 이 일에 익숙해지면 말할 때의 자신감도 생기고 얼굴을 쳐다보며 당당하게 말할 수도 있을 거라고 생각해요.

---

## (5) 극본 읽고 생각주머니 펼치기

수업의 특성상 공연을 위한 수업 진행이 어려울 때 역할을 분담해 극본을 소리 내서 읽고 학생들의 느낌과 생각 그리고 깨달은 점에 대해 작성하고 조별로 자유롭게 토의하는 지도방법도 있습니다. 극본의 내용, 자신이 맡은 역할의 특징, 등장인물들 간의 관계, 기억에 남는 대사, 장면 혹은 상황, 알게 된 점 혹은 배운 점 등을 바탕으로 학생들이 스스로 생각한 것을 단어, 문장으로 작성하도록 안내합니다. 단순하게 언어로 작성하도록 제안하면 학생들이 활동에 흥미를 느끼지 않을 수 있으므로 알렉스 오스본(Alex Faickney Osborn)이 개발한 브레인스토밍(Brainstorming, 생각에 폭풍을 일으켜 조직적인 아이디어 창출하기)기법을 활용합니다. 저자는 이 기법을 '생각주머니'라는 명칭으로 변경하고 학생들이 더욱 쉽게 생각하고 다양한 아이디어를 창출할 수 있는 10가지의 주제를 만들었습니다. 다음 표를 참고하여 학생들이 스스로 자신의 생각주머니를 펼쳐 극본을 읽는 흥미를 느끼고 사고를 확장하는 데 학습 목표를 가집니다.

| 항목 | 주제 |
|---|---|
| 1 | 극본을 읽고 떠오른 동물과 그 이유에 대해 자유롭게 작성하세요. |
| 2 | 극본을 읽고 떠오른 식물과 그 이유에 대해 자유롭게 작성하세요. |
| 3 | 극본을 읽고 떠오른 사물과 그 이유에 대해 자유롭게 작성하세요. |
| 4 | 극본을 읽고 자신이 맡은 역할에 대해 떠오른 단어와 그 이유를 자유롭게 작성하세요. |
| 5 | 극본을 읽고 자신이 속한 조의 이야기를 통해 떠오른 단어와 그 이유에 대해 자유롭게 작성하세요. |
| 6 | 극본을 읽고 기억에 남는 대사와 이유를 생각하고 자유롭게 작성하세요. |
| 7 | 극본을 읽고 기억에 남는 장면 혹은 상황과 그 이유를 생각하고 자유롭게 작성하세요. |
| 8 | 극본을 읽고 내가 생각한 핵심 주제와 그 이유에 대해 자유롭게 작성하세요. |
| 9 | 극본을 읽고 내가 작가가 되어 바꾸고 싶은 대사 혹은 장면이 있다면 찾아보고 그 이유를 자유롭게 작성하세요. |
| 10 | 극본을 읽고 내가 깨달은 점(알게 된 점, 배운 점)에 대해 자유롭게 작성하세요. |

 꿀TIP 자유발표 활동 [생각주머니 펼치기]의 10가지 규칙을 안내합니다.

| 생각주머니 펼치기 |
|---|
| 주제: (번호) |
| ------------------------- |
| 우리들의 생각(포스트 잇 붙이기) |
| ------------------------- |
| 우리가 선택한 생각(아이디어)은? |

① 극본에서 분담한 역할을 바탕으로 조를 편성한다. 단, 연극공연을 목표로 하는 자유발표 활동이 아닌 경우 다음의 방법으로 조를 구성한다. 초등, 중등의 경우 조를 4개로 구성하는 것이 토의하고 발표하는 시간을 효과적으로 배분할 수 있다. 학생들이 태어난 생일의 달을 조사해 봄·여름·가을·겨울로 조 나누기, 오늘 학생들이 입고 온 티셔츠·바지·양말·신발의 색을 구분해 조 나누기, 놀이동산·영화관·야구장·콘서트장 가운데 가장 가고 싶은 곳 고르고 조 나누기 등이 있다.

② 제시된 주제 가운데 조원들과 토의하여 한 가지를 선택하고 충분히 생각할 수 있는 시간을 정한다(*예: 15분 혹은 20분). 학생들이 주제를 토의할 때 절대 가위바위보, 손바닥 뒤집기, 제비뽑기 등의 단순 게임 형식으로 선택하지 않도록 규칙을 정한다. 반드시 자신이 왜 해당 주제를 선택했는지에 대해 합리적이고 타당한 이유를 말하고 조원들을 설득해야 한다.

③ 최종적으로 선정된 주제에 대해 자신이 생각한 단어와 이유를 포스트 잇에 간단히 작성한다.

④ 글씨를 작성할 때는 잘 알아볼 수 있도록 크게 쓰고 은어, 비속어, 부적절한 단어는 쓰지 않는다.

⑤ 작성이 끝나면 선생님이 배부한 활동지에 주제를 작성하고 조원들이 포스트 잇을 다 함께 붙인 후 각자의 다양한 생각을 살펴본다.

⑥ 다른 사람이 생각하고 작성한 단어와 이유에 대해 절대 비난하거나 비웃지 않고 서로의 생각을 존중하고 칭찬한다.

⑦ 조별로 각자 생각한 것을 바탕으로 비슷한 생각들을 합하고 새

로운 생각(아이디어)을 도출한다.

⑧ 서로가 말하는 생각과 아이디어를 귀 기울여 듣고 의견을 주고
받는다.

⑨ 조에서 조장을 선발해 토의를 통해 최종적으로 선정된 생각을
발표하는 시간을 갖는다.

⑩ 조별로 발표가 끝날 때마다 경청하고 있는 학생들은 박수를
친다.

## -생각주머니 펼치기-

주제: 극본을 읽고 기억에 남는 대사와 이유를 생각하고 기억글에 작성하기 (6차)

---

### 우리들의 생각(포스트 잇 붙이기)

반고흐 정중자 뭉뚱이 늦게보고 (illegible)
(illegible) 재미있는 밤.

반고흐가 (illegible)중에 인물을
그림을 그려서

반 고흐는 고흐대 훌륭하지
않고 예술을 한거 거대한
물건을 화폭에 담아냈더라

반 고흐는 고흐로 예술로
표현하게 대단했기 때문에
기억에 남는다

(illegible paragraph)

(illegible paragraph)

(illegible paragraph)

Art in me
나안의 예술이란
말이 와닿았다

---

### 우리가 선택한 생각(아이디어)은?

만약 고흐가 사람들이 인정을 않해서
그렸으면 어떤 변화로 나타날까
궁금했습니다

---

※ 학생들이 작성한 [생각주머니 펼치기] 활동의 이해를 위해 참고하기

## 생각주머니 펼치기

주제: (6번) 극본을 읽고 기억에 남는 대사와 이유를 생각하고 자유롭게 작성하세요.

**우리들의 생각(포스트잇 붙이기)**

| | | |
|---|---|---|
| 대사: 반 고흐는 조증과 우울증이 함께하는 양극성 장애라는 병.<br><br>이유: 반 고흐가 양극성 장애인데도 그림을 그려서. | 대사: 반 고흐는 고통에 굴복하지 않고 예술을 향한 거대한 열정을 화폭에 담아냈어요.<br><br>이유: 반 고흐는 고통을 예술로 표현한 게 대단했기 때문에 기억에 남는다. | 대사: 음악의 어머니인 헨델의 '메시아'라는 곡이에요.<br>헨델 역시 반 고흐처럼 양극성 장애를 앓았다고 합니다. 이 곡을 단 24일 만에 작곡한 엄청난 음악적 재능을 선보였지요. |
| 대사: "오늘날 미적 의미에서 단순하게 예술이라는 뜻이 아닌 평생 갈고 닦아야 하는 기술로 이해하면 좋겠어요."<br><br>이유: 예술에 관해 자신의 생각이 잘 나타나 있다. 멋있다. 👍 | 대사: Art in Me<br><br>이유: 내 안의 예술이란 말이 와 닿았다. | 이유: 피아노 치기를 좋아하는 편이고 헨델을 좋아하는데 그런 헨델이 24일 만에 곡을 완성한 것이 참 대단하다는(고) 생각이 들었기 때문입니다. |

우리가 선택한 생각(아이디어)은?

대사 창작:

만약, 일반 사람들이 양극성 장애에 걸린다면 어떤 방법으로 나타날지 궁금합니다.

-생각주머니 펼치기-

주제: 10번 극본을 읽고 내가 깨달은 점에 대해 자유롭게 작성해보세요.
(알게된 점, 배운 점)

---

우리들의 생각(포스트 잇 붙이기)

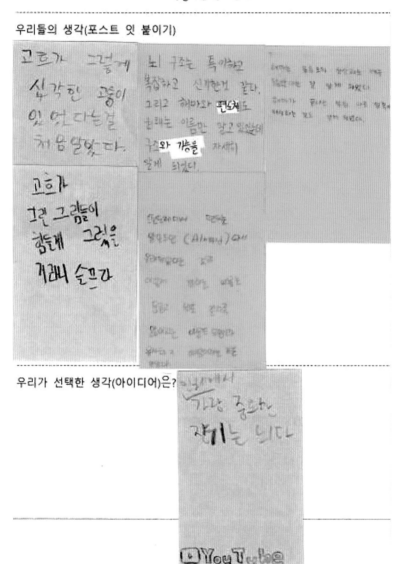

우리가 선택한 생각(아이디어)은?

※ 학생들이 작성한 [생각주머니 펼치기] 활동의 이해를 위해 참고하기

### 생각주머니 펼치기

주제: (10번) 극본을 읽고 내가 깨달은 점에 대해 자유롭게 작성해보세요.
     (알게 된 점, 배운 점)

우리들의 생각(포스트잇 붙이기)

| | | |
|---|---|---|
| 고흐가 그렇게 심각한 고통이 있었다는 걸 처음 알았다. | 뇌 구조는 특이하고 복잡하고 신기한 것 같다.<br>그리고 해마와 편도체도 원래는 이름만 알고 있었는데 구조와 기능을 자세히 알게 되었다. | 해마는 물음표의 형상과도 매우 닮았다는 걸 알게 되었다. 해마가 끝나는 부위 바로 옆쪽에 위치하는 것도 알게 되었다. |
| 고흐가 그린 그림들이 힘들게 그렸을 거라니 슬프다. | 편도체에서 편도는 알몬드(Almond)에서 유래되었다는 것과 이렇게 말하는 이유는 둥글고 위로 갈수록 얇아지는 아몬드 모양과 유사하기 때문이라는 것을 알았다. | |

우리가 선택한 생각(아이디어)은?

인체에서 가장 중요한 장기는 뇌다.

# ③ 고급단계

## (1) 대사와 움직임의 조화로운 만남
### <손짓, 몸짓에도 언어가 있다고요?>

극본을 읽다 보면 대사 외에 지문이 등장합니다. 지문은 괄호 안에 담긴 단어와 문장은 해당 등장인물이 대사하면서 표현하는 움직임(행동, 표정), 감정(정서, 느낌) 등을 의미합니다. 이번 고급단계의 첫 번째 항목에서는 지문과 대사를 바탕으로 보디 랭귀지(Body Language)와 제스처 즉, 손짓 및 몸짓언어를 표현하는 방법을 알아봅니다. 다음 표에서 대사와 움직임의 조화로운 만남을 자세히 살펴봅니다. 이를 통해 반드시 말로 표현하는 대사뿐 아니라 손짓과 몸짓의 언어를 통해 감정을 표현할 수 있다는 것을 지도합니다.

| 대사의 종류 | 움직임(손짓, 몸짓) |
|---|---|
| 독백/방백 | 반드시 정면(앞)을 보고 대사한다. 관객들에게 "여러분"이라는 독백 혹은 방백 대사를 할 때 배우는 말과 동시에 두 팔을 벌려 앞으로 뻗는다. 큰 목소리로 독백, 방백 대사를 할 때는 두 손바닥을 펼쳐 입 주변에 갖다 댄다. 반면, 작은 목소리로 독백, 방백 대사를 할 경우, 마치 '소곤소곤' 귓속말로 비밀을 말하는 것처럼 상황을 설정하여 한 손바닥만 펼쳐 입 주변에 갖다 대거나 말한 후 "쉿"이라는 대사와 함께 검지손가락만 세우고 입술 앞에 댄다. 자기 자신을 가리킬 때 손바닥을 펼쳐 가슴에 얹거나 가슴을 향해 엄지를 펼친다. 방백 대사에서 좋아하거나 존경하는 상대방 혹은 사물을 가리킬 때는 팔꿈치를 곧게 뻗고 한 손의 손바닥을 하늘을 향해 펼친다.<br>등이 보이지 않고 대사를 하는 것을 기본 원칙으로 한다. 만일 등을 돌려야 할 경우는 슬픔과 외로움이라는 감정을 표현할 때, 등장인물 몰래 등을 돌리고 웃으며 재미있는 상황을 표현할 때, 등을 돌리고 무대 밖으로 퇴장할 때가 해당한다. |

| 대사의 종류 | 움직임(손짓, 몸짓) |
|---|---|
| 대화 | 배우 두 명 이상이 대사를 주고받는 대화일 경우 서로의 얼굴을 마주 볼 수 있는 반원의 형태로 선다. 이 대형으로 서야 관객들도 배우들의 얼굴, 표정, 몸짓, 손짓을 모두 볼 수 있다. 등장인물이 무대 밖에서 안으로 뛰어 들어올 때 무대 밖에서부터 제자리에서 빠른 걸음으로 달려 실제 달리기를 하듯 가쁜 호흡을 하며 등장하고 무대의 적절한 위치에 도착하면 상대 인물에게 숨을 내쉬고 대사를 해야 한다. |

반드시 지문에 제시되어 있지 않더라도 대사를 하면서 기본적인 감정을 표현할 수 있는 움직임을 설명하면 다음과 같습니다.

| 감정의 종류 | 움직임(손짓, 몸짓) |
|---|---|
| 긍정적 감정 | 기쁨, 즐거움, 행복함, 설렘 등이 깃든 대사는 박수(손뼉)치면서 웃기, 자신의 두 손을 마주 잡기, 상대 배우와 어깨동무하기, 상대 배우와 손잡기, 상대 배우와 팔짱끼기, 상대 배우에게 사랑의 총알을 쏘기, 손가락 하트 만들기, 엄지와 검지가 만나 동그라미 만들기, 폴짝폴짝 뛰어다니기, 날갯짓하기, 흥얼거리며 춤추기, 손짓으로 피아노 치기 혹은 지휘하기, 손 흔들기, 두 손 주먹 쥐고 양볼 옆에 대기 등의 몸짓과 함께 표현한다. |
| 부정적 감정 | ① 놀람의 감정을 대사와 동시에 몸짓으로 표현할 때는 손을 입에 대기, 두 주먹 불끈 쥐기, 제자리에서 발 동동 구르기, 무대 여기저기 쿵쾅거리면서 걸어가기, 미간 찌푸리기 등이 있다.<br>② 지루함, 귀찮음, 피곤함의 감정을 대사와 함께 표현할 때 하품을 하며 기지개 펴기, 고개 절레절레 흔들기, 한 손으로 한쪽 귀 만지기, 딴 곳 쳐다보기, 고개 숙이고 터벅터벅 걷기, 뒷짐 지기, 고개 갸우뚱하기 등이 있다.<br>③ 짜증남과 화남의 부정적 감정의 대사를 몸짓으로 표현하고 싶을 때는 팔짱 끼기, 고개를 위로 올리기, 두 손을 머리에 대기, 손으로 부채질하기, 삿대질하기, 급한 걸음으로 걷기 등으로 할 수 있다. |

## (2) 우리는 배우다! 구호 외치기

본격적으로 무대를 활용한 연극연습에 들어가면 연습을 시작하는 구호를 하며 서로에게 용기를 불어 넣어줍니다. 활동의 방법은 다 함께 동그란 원을 만들어 배우라는 단어 앞에 각자 자신의 성을 붙이고 예를 들어 가장 크게 낼 수 있는 목소리로 "최배우", "고배우!"라고 외치며 손 탑을 쌓습니다. 연습에 참여한 모든 학생이 쌓은 손 탑이 완성되면 다 함께 "우리는 배우다, 화이팅!"이라고 외치고 손 탑을 해체합니다. 구호 외치기는 학생들 가운데 자신감이 없어 처음에는 어색함과 부끄러움을 느낄 수 있습니다. 하지만 반복적으로 체험하며 자신이 맡은 역할뿐 아니라 관객들에게 감동과 즐거움을 제공하는 배우의 자세를 갖추게 하는 계기가 될 수 있습니다. 손 탑을 쌓은 열정 가득한 학생들의 모습을 사진으로 참고해주세요.

## (3) 무대 100% 활용하기

극본에는 등장인물의 등장과 퇴장 그리고 장면 전환을 제안하는 글들이 작성되어 있습니다. 이와 같은 문장을 일컬어 해설이라고 합니다. 고급단계에서는 Chapter 02에 수록된 7편의 극본에 나와 있는 해설을 바탕으로 무대 위에서 등장인물들을 어느 방향에 위치하고 대형을 어떤 방식으로 만들어야 하는지 다음 예시 그림을 통해 쉽게 이해할 수 있습니다.

## 1) 무대의 방향 및 위치와 관객석

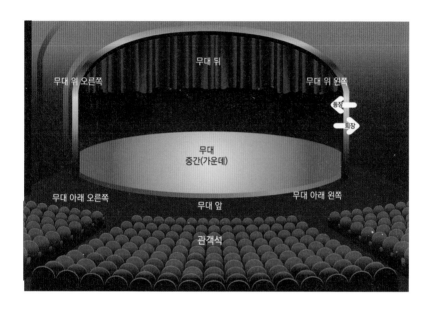

학교에서 연극공연을 하는 장소는 주로 체육관이나 대강당입니다. 이러한 장소들은 극장용으로 만들어진 정식 무대가 아니므로 보통 무대 위 왼쪽에 등장과 퇴장을 할 수 있는 공간만이 있습니다. 그러므로 연극연습을 할 때 학교에서 공연하는 장소를 최종적으로 선택한 후 등장과 퇴장을 하는 위치 및 방향을 정확하게 살펴보고 연습을 해야 할 것입니다. 학교마다 위치가 다를 수는 있겠지만 무대 위 왼쪽에서 등, 퇴장한다는 전제조건하에 설명하겠습니다.

저자가 오랫동안 학생들과 공연을 하면서 터득한 효율적인 무대 활용법을 위의 그림처럼 만들었습니다. 그림에 제시된 위치 및 방향은 무대 위에 등장한 배우의 시선에서 관객석을 바라본다고 할 수 있습니다.

장면 만들기 연습을 하기 전 학생들에게 해당 그림을 보여주며 무대의 위치 및 방향에 대해 설명합니다. 교실에서 무대와 유사하게 공간을 설정하기 위해 마스킹 테이프와 박스 테이프를 활용해 바닥에 붙여 표시하고 서기, 앉기, 걷기, 뛰기 등의 움직이는 활동으로도 연결할 수 있습니다.

### 2) 기본 대형(반원)

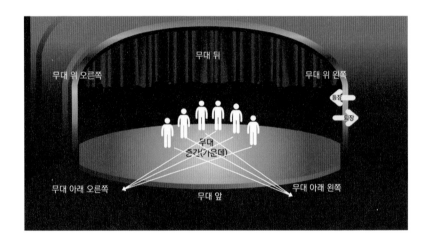

무대에 등장인물들이 등장하여 대사하고 행동할 수 있는 기본 대형은 반원입니다. 주로 무대 중간(가운데)에서 반원을 만들고 대각선의 형태로 관객들을 바라봅니다. 등장인물들은 특별한 경우를 제외하고 등은 보이지 않도록 합니다.

## 3) 기본 대형(원형)

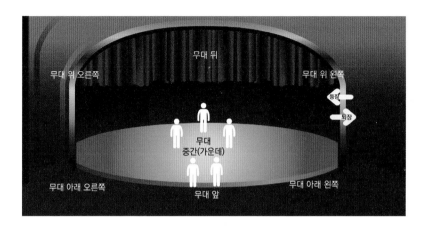

무대 중간(가운데)을 중심으로 원형을 만들어 관객들로 하여금 안정감 있고 편안한 느낌을 전달합니다. 또한 장면마다 동선에 약간의 변화를 주고 싶을 때 원형을 만들어 경쾌함을 줄 수 있습니다.

## 4) 무대 앞 가로 대형

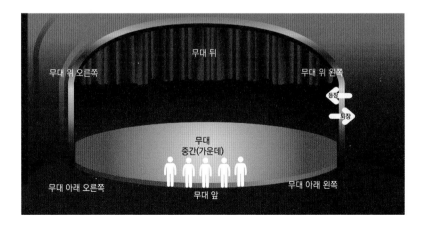

Chapter 02에 수록된 극본들의 해설에서 종종 등장하는 대형입니다. 극의 모든 등장인물을 관객들에게 소개할 수 있는 대형입니다. 특히 연극의 마지막(클로징) 장면을 장식할 때 유용하게 활용할 수 있습니다.

### 5) 교실장면 기본 대형

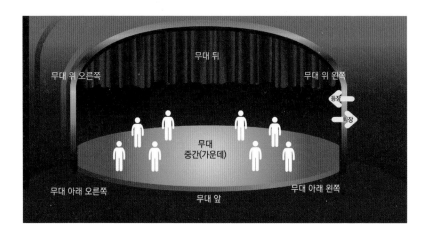

저자는 아동, 청소년들을 위한 극본을 창작하였으므로 교실이 배경이 되는 장면이 대다수입니다. 교실장면에서는 등장인물들이 교실에 앉아있는 모습을 관객들에게 보여주어야 합니다. 다만 평소 학생들이 일렬로 교실에 앉아있는 모습보다 무대 중간(가운데)을 중심으로 무대 오른쪽과 왼쪽에 서 있거나 앉게 하여 움직임과 동선에 생동감을 불어넣어줍니다. 선생님은 무대 아래 오른쪽과 무대 아래 왼쪽에 등장하여 서게 합니다.

## (4) 大방출! 연극 동선 만들기 방법

무대에서 대형을 만드는 활동이 활발해지면 본격적으로 연극의 장면을 만드는 단계에 진입합니다. 연극에서 무대 위 동작선을 긋는 작업을 블로킹(Blocking)이라고 합니다. 블로킹이라는 용어보다는 연극 동선 만들기라는 용어를 활용하면 선생님을 비롯해 학생들도 연극을 이해하는 데 도움이 됩니다. 이때 학생들에게 앞서 언급한 그림 그리기의 예시를 활용하여 설명하면 연극 동선 만들기는 더욱 즐거운 학습활동으로 이끌 수 있습니다. 단, 동선은 참여 인원수에 의해 변형될 수 있습니다.

"지금까지 여러분이 그린 밑그림(스케치)에 다양한 색을 칠해보았습니다.
그렇다고 그림이 모두 완성되었다고 보긴 아직 이릅니다.
예쁘게 색칠한 그림에는 각기 저마다의 이야기가 숨어있습니다.
연극 동선 만들기 활동은 어떤 이야기로 만들 수 있을지 다 함께 생각하고
그림의 순서를 정하는 것과 같습니다. 화려한 무지갯빛으로 무대를
장식하기 위해 연극 동선 만들기 활동에 적극적으로 참여해볼까요?"

Chapter 02에서 소개하는 7편의 극본 『꿈의 모양, 나빌레라, 행복기차로 떠나는 인생 여행, Talk!Talk!(톡!톡!) 고민을 말해봐, 보이는 라디오 마음 놀이터, Welcome to Happy School, 뇌 안의 예술』에서의 대표적인 장면을 도식화한 다음 그림들을 바탕으로 동선 만드는 방법을 살펴보고 연극연습에 참고하세요.

극본 『꿈의 모양』 제3장 빛나는 별의 꿈의 별조가 한 줄 기차로 퇴장하는 동선 만들기

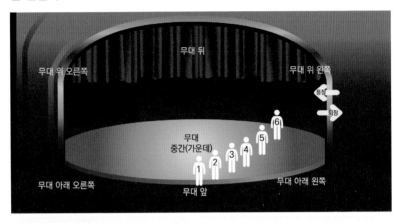

인물 번호의 역할명

1. 웹툰별투 2. 웹툰별원 3. 유튜버별 4. 하키별 5. 바이올린별 6. 티볼별

극본 『꿈의 모양』 제4장 도전하는 꿈의 도전조의 등장 후 동선 만들기

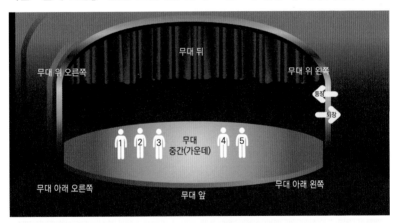

인물 번호의 역할명

1. 의사도전이 2. 여행도전이 3. 엄청도전이 4. 왕창도전이 5. 선물도전이

## 극본 『꿈의 모양』 마지막(클로징) 장면의 하트 동선 만들기

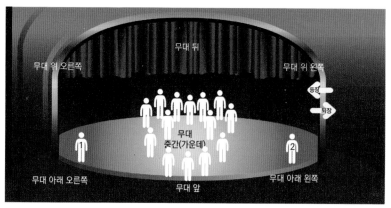

인물 번호의 역할명

*상상조, 별조, 도전조, 골든벨조의 인원수에 따라 거대한 하트 대형과 작은 하트 대형,
 무대 앞 가로 대형을 만든다.

1. 꿈 날개 사회자1  2. 꿈 날개 사회자2


## 극본 『나빌레라』 제3장 순향이와 숙향이에서 안내자, 어린 순향이와 숙향이, 꽃과 나물 앙상블의 동선 만들기

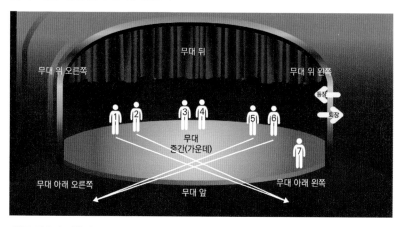

인물 번호의 역할명

1. 취나물  2. 참나물  3. 어린 나숙향  4. 어린 나순향  5. 아름꽃  6. 다운꽃  7. 안내자

극본 『나빌레라』 제6장 진실의 외침에서 등장인물들의 동선 만들기

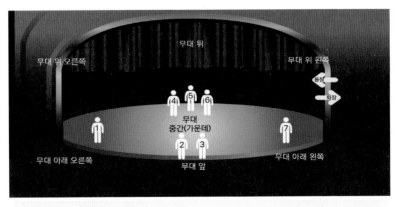

인물 번호의 역할명

1. 신경과 의사 2. 말함이 3. 목격이 4. 알림이 5. 질문이 6. 답변이 7. 담임 선생님


극본 『나빌레라』 제7장 고백에서 등장인물들의 마지막(클로징) 동선 만들기

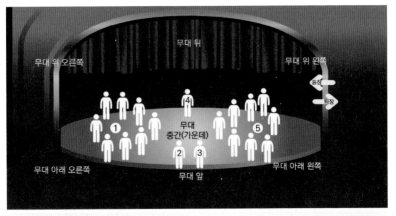

인물 번호의 역할명

1, 5. *인원수에 따라 나비의 양 날개 모양이 되도록 대형을 만든다.

2. 어린 나순향 3. 어린 나숙향 4. 안내자

극본 『행복 기차로 떠는 인생 여행』 제2장 탄생역에서 추억의 학창시절조가 등장하여 엄마, 아빠, 아기 뒤에 서 있는 동선 만들기

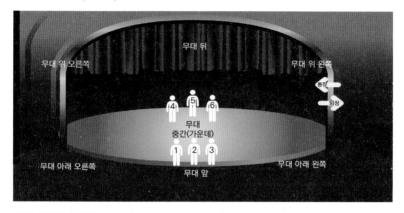

인물 번호의 역할명

1. 엄마 2. 아기 3. 아빠 4. 이지금 5. 지현재 6. 오우리

극본 『행복 기차로 떠는 인생 여행』 제5장 청춘역에서 부장, 과장, 팀장, 인턴들의 동선 만들기

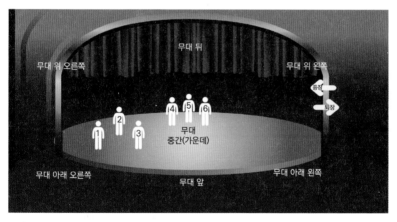

인물 번호의 역할명

1. 예부장 2. 민과장 3. 함팀장 4. 임인턴 5. 최인턴 6. 고인턴

극본 『Talk!Talk!(톡!톡!) 고민을 말해봐』 제2장 고민을 말해봐에서 고민이의 상상 엄마들이 등장하는 동선 만들기

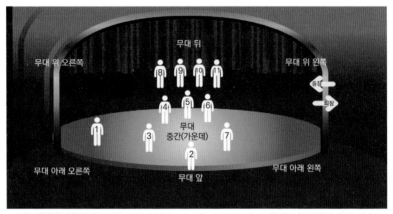

인물 번호의 역할명

1. 해결사 2. 고민이 3. 부담엄마 4. 경쟁엄마 5. 명심엄마 6. 강요엄마 7. 명령엄마
8. 도움이 9. 믿음이 10. 억울이 11. 응원이


극본 『Talk!Talk!(톡!톡!) 고민을 말해봐』 제3장 생각의 차이에서 억울이를 둘러싼 의자에 앉아있는 사폭학생조들과 억울이의 친구들 동선 만들기

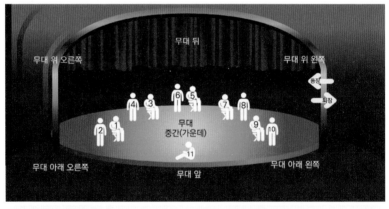

인물 번호의 역할명

1. 사폭방관자 2. 해결사 3. 사폭공격자 4. 고민이 5. 사폭동조자 6. 도움이 7. 사폭추종자
8. 응원이 9. 사폭주동자 10. 믿음이 *11. 억울이 *등 돌리고 앉는다.

극본 『Talk!Talk!(톡!톡!) 고민을 말해봐』 제4장 치유 프로젝트에서 억울이를 중심으로 솔루션 엔젤이 등장하는 동선 만들기

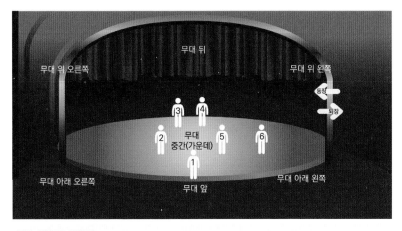

인물 번호의 역할명

1. 억울이 2. 솔루션엔젤일 3. 솔루션엔젤이 4. 솔루션엔젤삼 5. 솔루션엔젤사 6. 해결사

극본 『보이는 라디오 마음의 놀이터』의 제1장 Habit Solution 1에서 감독, 라디오 DJ1,2, 게임러버, 게임러버엄마가 등장하는 동선 만들기

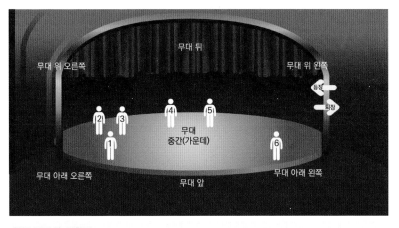

인물 번호의 역할명

1. 감독 2. 라디오 DJ1 3. 라디오 DJ2 4. 게임러버 5. 게임러버엄마 6. 안내자

극본『보이는 라디오 마음의 놀이터』의 제3장 두 번째 청취자에서 감독, 라디오 DJ1,2, 용기필요해의 동선 만들기

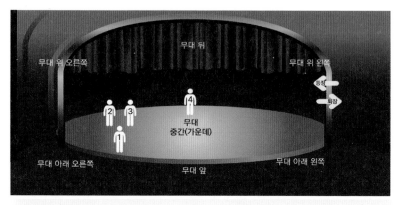

인물 번호의 역할명

1. 감독 2. 라디오 DJ1 3. 라디오 DJ2 4. 용기필요해


극본『보이는 라디오 마음의 놀이터』의 제4장 Habit Solution 2에서 담임 선생님, 용기필요해, 질문학생조, 라디오 DJ1,2의 동선 만들기

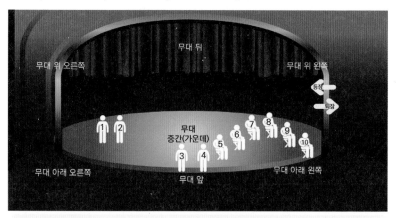

인물 번호의 역할명

1. 라디오 DJ1 2. 라디오 DJ2 3. 담임 선생님 4. 용기필요해 5. 왜그렇지 6. 궁금하지 7. 묻고싶지 8. 의아하지 9. 의문이지 10. 이건뭐지

극본 『Welcome to Happy School』의 제2장 첫인상에서 학생6부터 학생9 까지 의자에 앉아있는 대형, 학생1,2가 서 있는 동선 만들기

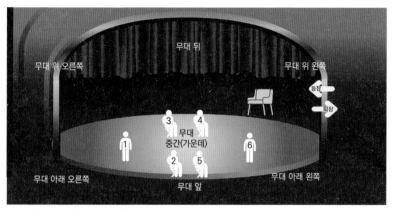

인물 번호의 역할명

\* 학생6부터 학생9까지는 의자에 앉아 있다가 서 있고 바닥에 넘어지게 된다.

1. 학생2(진자루) \*2. 학생7(나정희)  \*3. 학생9(강진실) \*4. 학생8(오지혜)

\*5. 학생6(배우리) 6. 학생1(연국이)


극본 『Welcome to Happy School』의 제3장 학폭의 시작에서 학생3부터 학생11까지 동선 만들기

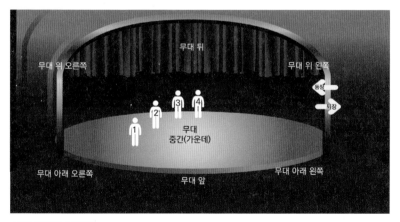

인물 번호의 역할명

1. 학생11(정우정) 2. 학생3(조아영) 3. 학생6(배우리) 4. 학생10(하희망)

극본 『Welcome to Happy School』의 제5장에서 학생6은 서 있고 학생7 부터 학생11까지 의자에 앉아있는 동선 만들기

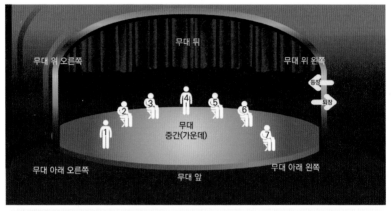

인물 번호의 역할명

1. 나눔이 담임 선생님 2. 학생7(나정희) 3. 학생8(오지혜) 4. 학생6(배우리)
5. 학생11(정우정) 6. 학생9(강진실) 7. 학생10(하희망)

극본 『뇌 안의 예술』의 제1장 뇌 안의 예술에서 등장인물들의 첫(오프닝) 동선 만들기

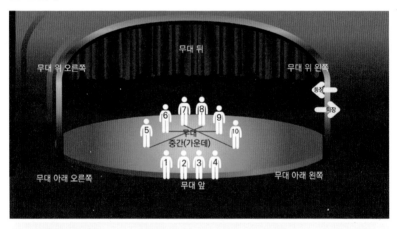

인물 번호의 역할명

1. 나노력 2. 한미모 3. 한미남 4. 전열정 5.~10. *학생 1조

극본 『뇌 안의 예술』의 제2장, 제4장에서 등장인물들의 동선 만들기

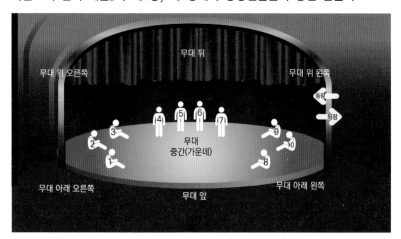

인물 번호의 역할명

**제2장 신기한 뇌**

*바닥에 앉는다.

*1. 심쿵심쿵 *2. 하트비트 *3. 유 to the 학생 4. 나노력 5. 한미모 6. 한미남 7. 전열정

*8. 뇌스타일 *9. 아름다운 날개 *10. 꿈꾸는 구름

**제4장 창조하는 뇌**

*바닥에 앉는다.

*1. 상상이상 *2. 나는데카 고로르트 *3. 뇌뇌선생님 4. 나노력 5. 남달리 6. 이감각

7. 전열정 *8. 좋아해반고흐 *9. 사랑해반고흐 *10. 신세계

## 극본 『뇌 안의 예술』의 제3장 알 수 없네(뇌)에서 동선 만들기

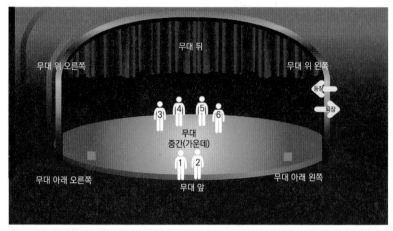

### 인물 번호의 역할명

1. 마리오네트 여자인형 조종자 2. 마리오네트 남자인형 조종자 3. 나노력 4. 남달리

5. 이감각 6. 전열정

## 극본 『뇌 안의 예술』 마지막(클로징) 동선 만들기(6개조 대형)

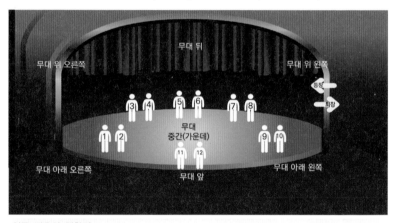

### 인물 번호의 역할명

1. 남달리 2. 이감각 3. 상상이상 4. 나는데카 고로르트 5. 전열정 6. 나노력

7. 뇌뇌선생님 8. 신세계 9. 좋아해반고흐 10. 사랑해반고흐

11. 마리오네트 남자인형 조종자 12. 마리오네트 여자인형 조종자

# ④ 심화단계

## (1) Break Time, 마음 열고 연극이랑 놀기

다 함께 극본 읽기와 장면 만들기만을 반복적으로 연습하면 학생들은 연극의 흥미와 즐거움을 잃을 가능성이 큽니다. 연극 놀이는 연극연습에서 잠시 벗어나 내재적 동기유발을 꾀할 수 있습니다. 연극 놀이의 장점은 목표와 진행방법에 따라 다양한 능력을 개발할 수 있다는 것입니다. 이 장에서는 저자가 직접 개발한 연극 놀이를 살펴봄으로써 협동, 소통, 인식(인지), 창의성, 융합을 증진하고 연극연습의 참여도를 높이는 데 주안점을 둡니다. 그동안 아동 및 청소년들과 수업을 진행하면서 호응도가 가장 높았던 놀이를 엄선하여 놀이의 소개와 방법에 대해자세히 작성하였습니다. 또한 놀이별로 참고가 될 만한 예시 문장과 예시 그림 및 도안들도 표를 추가하여 첨부하였습니다.

각 능력의 영어단어는 Collaboration, Communication, Cognition, Creativity, Convergence라고 작성하는 데 공통으로 첫 알파벳이 C로시작하므로 5C라고 칭합니다. 다음 표를 통해 5C의 연극 놀이를 소개합니다.

| Collaboration(협동)을 위한 연극 놀이 | |
|---|---|
| 연극<br>놀이명 | 릴레이 박수 놀이 |
| 놀이 소개<br>및 방법 | 이 놀이명은 릴레이 박수로 릴레이 달리기와 같이 교실에서 앉아있는 순서대로 한 명씩 이어서 박수를 치는 방식으로 진행한다. 아래의 예시 그림을 참고하여 1번부터 시작하여 25번까지 이어서 박수를 치게 한다. 1~2회 활동을 하면 익숙해지므로 순서를 바꾸어 25번부터 시작하여 1 |

| | |
|---|---|
| | 번까지 박수를 치게 한다. 한 명도 빠짐없이 전체가 박수를 이어가며 치는 활동에서 학생들에게 세 가지의 미션을 제시한다.<br><br>첫 번째 미션은 박수를 치기 전 우리 반 전체가 릴레이 박수를 치는 데 걸리는 시간을 다 함께 정해본다. 다양한 시간이 제안되면 칠판에 판서하고 공개적으로 손을 들어 가장 많이 선호하는 시간을 정하면 된다. 놀이가 시작되면 선생님은 스톱워치를 활용해 시간을 체크하고 활동이 끝나면 시간을 말한다.<br><br>두 번째 미션은 처음 릴레이 박수 활동을 하고 나온 결과에 따라 다시 시간을 정하게 한다. 시간이 정해지면 목표에 도달하기 위해 다 함께 노력해야 할 점에 대해 학생들에게 물어본다. 선생님은 놀이의 목표가 달성될 수 있도록 돕는다.<br><br>세 번째 미션은 릴레이 박수를 하면서 소요되는 총시간도 다시 정하고 박수를 치는 동시에 자신이 맡은 역할을 말하게 한다. 자신들이 정한 시간 안에 목표를 성취하기 위해 고도의 집중을 하므로 협동심과 순발력이 발휘된다. |
| 예시 그림 | |

**Communication(소통)을 위한 연극 놀이**

| | |
|---|---|
| 연극<br>놀이명 | 그건 너! |
| 놀이 소개<br>및 방법 | 이 놀이는 학생 각자가 '저는 ~ 입니다(합니다 혹은 싶습니다)'의 현재형 혹은 미래형 문장을 작성하고 선생님께서 문장을 읽으면 어떤 학생인가를 유추하여 맞춰보는 방식이다. 놀이의 방법을 간단히 소개하면 다음과 같다. 선생님은 학생들에게 A4용지를 나눠주고 자신의 이름을 쓰고 성격, 외적 특징(외모, 옷차림, 장신구), 장점, 단점, 좋아하는 것, 싫어하는 것, 꿈(되고 싶은 것) 가운데 1~2가지를 선택하여 문장으로 작성하게 한다. 학생들이 작성한 종이를 제출하면 선생님이 무작위로 섞는다. 선생님이 문장을 읽으면 학생들은 어떤 학생의 것인가를 추측하고 최종 결정되면 "그건 너!"라는 말과 함께 해당 학생의 이름을 큰 소리로 말한다. 기타사항으로는 세 가지가 있다.<br><br>첫째, 놀이의 흥미를 유발하기 위해 선생님도 학생들 몰래 문장을 작성하고 학생이 제출한 종이들과 섞은 후 선생님이라는 것을 맞힐 수 있는 |

| | 지 살펴본다. 둘째, 총 2번의 기회를 주고 맞히지 못하면 "아쉽지만, 아닙니다."라는 말과 함께 선생님은 자신의 것이라면 자신을 혹은 해당 학생의 이름을 밝힌다. 놀이의 방법이 익숙해지면 학생들은 자신이 맡은 역할을 바탕으로 문장을 만들어 활동할 수 있다. 셋째, 비속어나 은어를 활용해 문장을 작성하는 것은 금물이다. 또한 '저는 인간(사람)입니다' 혹은 '저는 이씨입니다'와 같은 문장도 작성하지 않도록 규칙을 정한다.<br> 이 놀이는 연극연습의 초반부에 활동하면 라포르 형성(공감대 및 친밀감 형성)을 증진할 수 있다. 또한 주어, 목적어, 동사의 3형식의 문장을 쓰고 완성된 문장을 듣고 말하는 소통 능력을 기를 수 있다. 나아가 소통과 공감은 반응의 영역으로 연기에서 자연스러운 리액션(Reaction)의 표현을 함양하게 될 것이다. |
|---|---|
| 예시<br>문장1<br>(자신에<br>대한<br>문장) | ① 성격: 저는 호기심이 많습니다.<br>② 외적 특징(외모, 옷차림, 장신구): 저는 발표할 때 얼굴이 빨개집니다.<br>③ 장점: 저는 아이돌 춤을 잘 춥니다.<br>④ 단점: 저는 손톱을 자주 물어뜯습니다.<br>⑤ 좋아하는 것: 저는 광합성 쬐는 것을 좋아합니다.<br>⑥ 싫어하는 것: 저는 매운 음식을 싫어합니다.<br>⑦ 꿈(되고 싶은 것): 저는 대학생이 되면 독거노인을 돕는 자원봉사를 하고 싶습니다. |
| 예시<br>문장2<br>(자신이<br>맡은 역할에<br>대한 문장) | ① 성격〈극본 『행복 기차로 떠나는 인생 여행』의 기청춘〉: 저는 따뜻한 마음씨를 가지고 있습니다.<br>② 외적 특징(외모, 옷차림, 장신구)〈극본 『Talk!Talk!(톡!톡!) 고민을 말해봐』의 해결사〉: 저는 고깔모자와 안경을 쓰고 두꺼운 책을 손에 들고 있습니다.<br>③ 장점〈극본 『뇌 안의 예술』의 나노력〉: 저는 항상 노력하는 자세로 공부(연구)합니다.<br>④ 단점〈극본 『Welcome to Happy School』의 배우리〉: 저는 친구들을 괴롭힌 적이 있습니다.<br>⑤ 좋아하는 것〈극본 『보이는 라디오 마음 놀이터』의 게임러버〉: 저는 게임을 무척 좋아합니다.<br>⑥ 싫어하는 것〈극본 『나빌레라』의 신경과 의사〉: 저는 어릴 때 할머니를 싫어했던 적이 있습니다.<br>⑦ 꿈(되고 싶은 것)〈극본 『꿈의 모양』의 미술골든벨〉: 저는 사람들의 꿈을 그리는 화가가 되고 싶습니다. |
| | Cognition(인식, 인지)을 위한 연극 놀이 |
| 연극<br>놀이명 | Up & Down(업 앤 다운) |
| 놀이 소개<br>및 | 이 놀이는 칠판에 판서한 문장을 소리 내서 읽고 괄호 안에 들어갈 숫자를 다 함께 맞히는 놀이다. 제시된 문장을 통해 학생들이 예상하는 숫 |

| 방법 | 자를 큰 소리로 말하면 선생님은 "Up", "Down"으로 대답하여 정답을 맞히도록 이끈다. 괄호 안에 숫자를 정답보다 많게 말하면 "Down", 적게 말하면 "Up"으로 말한다. 극본을 참고하여 등장인물의 수, 극본의 총 페이지, 대사에서 특정 단어 수, 대사에 등장한 숫자 등으로 문제를 낼 수 있다.<br><br>　이 놀이를 통해 학생들은 문맥의 흐름에 알맞은 숫자를 추리하는 것은 물론 기억력 증가의 도움을 줄 수 있다. |
|---|---|
| 예시 문장 | ① 연습문장: 뼈가 없고 몸이 부드러운 연체동물인 오징어, 문어, 낙지, 주꾸미의 다리 개수를 모두 합하면 (　　　　)개입니다. (*답: 오징어 10개, 문어, 낙지, 주꾸미 각 8개, 총 34개)<br>② 극본 『꿈의 모양』에서 별조와 골든벨조의 총 등장인물은 (　　　　)명입니다.<br>③ 극본 『보이는 라디오 마음 놀이터』의 제1장에서 라디오 DJ1의 대사에는 속담이 있습니다. 이 속담의 총 단어 수는 (　　　　)개입니다.<br>④ 올해는 김학순 할머니께서 위안부피해 사실을 공개 증언한 지 (　　　) 주년이 됩니다. |

## Creativity(창의성)를 위한 연극 놀이

| 연극<br>놀이명 | 던지고! 달리고! 만들고!(고!고!고!) |
|---|---|
| 놀이 소개<br>및 방법 | 　이 놀이명은 '고고로' 던지고, 달리고, 만들고의 마지막 단어를 활용하여 부르기 쉽게 칭한다. 이 놀이를 통해 몸이라는 새로운 방식으로 단어에 접근하여 독창적으로 표현하고 사고를 확산할 수 있다. 놀이에서 필요한 준비물은 천으로 만들어진 대형 주사위 2개, 고깔 모양의 반환점 2개, 책상, 형용사, 명사 단어 카드이다. 놀이의 방법은 다음과 같다. 책상과 의자를 교실의 뒤쪽으로 옮겨 반 전체 학생이 움직일 수 있는 충분한 공간을 확보한다. 칠판 앞쪽에는 약간의 거리를 두어 고깔 모형의 반환점 2개를 바닥에 각각 놓고 그 옆에 책상을 배치한다. 책상 위에는 형용사와 명사 단어 카드를 펼쳐둔다. 반의 인원수에 따라 2개의 조로 편성하고 반환점을 바라보고 각각 한 줄 기차로 선다. 선생님이 호루라기, 종소리, 깃발로 출발신호를 주면 학생들은 주사위를 던지고 나온 만큼 달린다. 그리고 마지막 바퀴에서는 책상 위에 놓인 단어 카드를 한 장 집어온다. 주사위의 숫자가 홀수이면 책상 위에서 형용사 단어 카드를 가져올 수 있고 짝수이면 명사(동물, 새, 곤충, 식물, 사물)의 단어 카드를 가져올 수 있다. 예를 들어 주사위 숫자가 3이 나오면 반환점을 기준으로 세 바퀴를 돌고 마지막 바퀴에서 책상 위의 펼쳐 놓은 감정을 비유하는 형용사 단어 카드 가운데 1장을 가져온다.<br>　모든 학생이 주사위 던지기와 달리기가 끝나면 조별로 각자 가지고 있는 단어 카드를 활용하여 4개의 단어(합성어)를 만든다. 각 조별로 인원수에 따라 4개의 조로 나누어 형용사와 명사가 합쳐진 단어를 만드는데 |

| | |
|---|---|
| | 형용사가 없으면 다른 조의 형용사를 빌려와도 된다. 조별로 토의하여 합성어를 소리는 내지 않고 움직임 혹은 행동 그리고 표정으로 표현하여 상대 조에서 답을 맞혀본다.<br> 감정 형용사, 명사 단어의 다양한 예시를 아래 표에 추가하여 일목요연하게 정리하였다. 학생들은 형용사와 명사를 합쳐 재미있는 단어를 만들면서 어휘력을 향상할 수 있다. 또한 제시된 예시 단어들은 각각 고유의 특징을 지니고 있어 학생들이 소리를 내지 않아도 충분히 몸을 활용해 표현할 수 있는 장점이 있다. 이 놀이 활동을 할 때 지도 선생님은 다음 두 가지 사항을 반드시 기억해야 한다. 첫째, 학생들에게 감정 형용사와 예시 명사의 종류에 대해 충분히 설명해 몸으로 표현하는데 참고할 수 있도록 이해를 돕는다. 둘째, 참여하는 학생들의 인원수를 고려해 예시 단어를 활용해 카드를 만들고 적절히 섞어서 활동한다. |
| 예시 단어<br>(합성어) | ① 즐거운 강아지<br>② 외로운 백조<br>③ 놀란 닭<br>④ 행복한 장미<br>⑤ 슬픈 나비<br>⑥ 화난 선풍기 |

| 예시<br>형용사<br>단어<br>(감정) | | | | | |
|---|---|---|---|---|---|
| | 즐거운 | 설레는 | 신난 | 열정적인 | 행복한 |
| | 만족한 | 기쁜 | 편안한 | 사랑스러운 | 귀여운 |
| | 기대되는 | 감동한 | 재미있는 | 자신감 있는 | 힘나는 |
| | 외로운 | 화난 | 슬픈 | 놀란(놀라운) | 짜증난 |
| | 불안한 | 답답한 | 욕심 있는 | 힘든 | 그리운<br>(보고 싶은) |
| | 피곤한 | 부끄러운 | 지루한 | 무서운 | 아픈 |

| 예시<br>명사 단어<br>(동물, 새,<br>곤충) | | | | | |
|---|---|---|---|---|---|
| | 강아지 | 고양이 | 원숭이 | 호랑이 | 토끼 |
| | 소 | 생쥐 | 고슴도치 | 돼지 | 코끼리 |
| | 곰 | 기린 | 코알라 | 낙타 | 캥거루 |
| | 오리 | 백조 | 부엉이 | 닭 | 딱따구리 |
| | 타조 | 까치 | 참새 | 기러기 | 독수리 |
| | 나비 | 잠자리 | 거미 | 파리 | 도마뱀 |
| | 개미 | 꿀벌 | 바퀴벌레 | 사마귀 | 메뚜기 |

| 예시<br>명사 단어<br>(식물) | | | | | |
|---|---|---|---|---|---|
| | 장미 | 할미꽃 | 해바라기 | 나팔꽃 | 선인장 |
| | 강아지풀 | 흰 민들레 | 단풍잎 | 네 잎<br>클로버 | 파리지옥 |
| | 씨앗 | 새싹 | 열매 | 나무 | 가지 |

| 예시 명사단어 (사물 -학용품, 일상생활 용품, 전기제품, 탈 것) | 연필 | 지우개 | 포스트 잇 | 책 | 가방 |
|---|---|---|---|---|---|
| | 마스크 | 인형 | 칫솔 | 매니큐어 | 향수 |
| | 우산 | 신발 (구두, 운동화, 슬리퍼) | 모자 | 효자손 | 시계 (벽시계, 손목시계) |
| | 구둣주걱 | 이쑤시개 | 면봉 | 휴지통 | 로봇 |
| | 세탁기 | 가스레인지 | 냉장고 | 컴퓨터 | 핸드폰 (휴대폰, 스마트폰) |
| | 선풍기 | 자전거 | 자동차 | 기차 | 비행기 |

## Convergence(융합)을 위한 연극 놀이

| 연극 놀이명 | 오감 꽃이 활짝 피었습니다. |
|---|---|
| 놀이 소개 및 방법 | 　이 놀이는 자신이 맡은 역할 혹은 극본의 줄거리를 바탕으로 시각, 미각, 후각, 청각, 촉각의 해당하는 단어를 꽃잎에 작성한다. 해당 놀이의 목표는 자신이 맡은 역할의 정보를 다섯 가지의 감각에 융합해 연기의 실연 능력을 더욱 향상하기 위함이다. 오감의 기억과 감정(정서)을 활용하여 주의를 집중하고 상상력을 극대화하는 놀이 활동은 관객의 높은 공감도를 끌어내는 데 도움을 줄 수 있다.<br>　다음 예시 도안과 같이 가운데에 역할 이름과 극본 제목을 작성하고 5개의 꽃잎에 각 오감에 해당하는 연상 단어를 자유롭게 작성한다. 학생들의 이해도와 학습 능력에 따라 자신이 연상한 각 단어에 대한 자기 생각과 의견을 문장으로 작성할 수 있다. 예시 문장은 다음과 같다. 작성한 내용을 바탕으로 발표하고 Q & A 시간을 마련하여 궁금한 것에 대해 물어보고 답변하는 활동으로 연결한다. |
| 예시 문장1 | ① 주장: 저는 극본 'Talk!Talk!(톡!톡!) 고민을 말해봐'의 해결사를 음식으로 비유하면 사이다라고 생각합니다.<br>② 이유: 왜냐하면 등장인물들이 고민하는 것을 해결사가 해결해주는 장면에서 사이다를 마신 것처럼 시원하고 통쾌했기 때문입니다.<br>③ 사례: 특히 2장에서 해결사가 "엄마 학교를 만들자!"라는 대사를 말하는데 사이다를 마신 것처럼 속이 뻥 뚫리는 기분이었습니다.<br>④ 정리: 따라서 극 중 해결사는 사이다와 같다고 생각합니다. |
| 예시 문장2 | ① 주장: 저는 극본 '뇌 안의 예술'을 색깔로 비유하면 프리즘이라고 생각합니다.<br>② 이유: 왜냐하면 뇌(신경과학)와 예술은 신비롭고 창조하는 것으로 다양하게 해석할 수 있기 때문입니다.<br>③ 사례: 등장인물마다 뇌와 예술에 대한 견해가 독창적이어서 빛의 파장으로 색이 다양해지는 프리즘이 떠올랐습니다. |

| | |
|---|---|
| | ④ 정리: 따라서 제가 생각하는 극본 '뇌 안의 예술'의 시각은 프리즘입니다. |
| 비고 | 이 놀이에서 학생들은 후각 부분에서 문장 작성하기의 어려움을 호소할 것이다. 오감 가운데 후각은 남다른 언어적 표현을 지닌다. 자신이 맡은 역할이나 극본을 바탕으로 떠오르는 후각의 요소로 냄새, 향기를 문장으로 작성할 때 지도하는 선생님들께서는 학생들에게 인간의 뇌 구조를 간략히 설명해야 한다. 인간의 뇌는 좌(왼쪽)뇌와 우(오른쪽)뇌로 나뉜다.<br><br>냄새는 코를 통해 맡는다. 콧구멍 안쪽의 넓은 공간인 비강의 맨 위쪽에 냄새를 맡는 후각신경들이 있는데 이들은 냄새 정보를 뇌(후각뇌)에 전달한다. 다른 감각과 달리 냄새 정보는 주로 감성의 뇌인 오른쪽 뇌에서 담당한다. 따라서 냄새는 우리의 감성과 관계가 깊다. 즉 우리가 어떤 냄새를 맡으면 일단 좋은 냄새, 싫은 냄새라고 흔히 이야기한다. 반면 우측 뇌에는 언어기능이 없으므로 후각은 시각과 청각과 비교해 언어적으로 표현할 수 있는 단어, 문구, 문장의 한계점을 지닌다. 예를 들어 사물을 눈으로 본 색의 언어를 형용사로 말할 때 누런색, 새빨간, 푸르딩딩, 무지갯빛, 구릿빛, 하늘빛 등으로 표현한다. 그러나 후각을 형용사의 어휘로 표현할 때 예를 들어, '맛있는 빵 냄새', '향긋한 허브 향기', '치킨 냄새' 등 어떤 대상을 비유해 설명할 수 있다.<br><br>따라서 이 놀이를 지도하는 선생님들께서는 학생들에게 앞서 언급한 뇌의 구조와 후각 기능의 관계를 설명하고 학생들이 이해하고 활동에 참여할 수 있게 돕는다.<br><br>후각에 대한 올바른 이해와 더불어 촉각의 충분한 설명도 필요하다. 보통 미각의 부분에서 학생들이 매운맛을 작성하는 경우가 있는데 이는 옳지 못하다. 그 이유는 매운맛을 느끼는 기관은 미각이 아니라 바로 통증을 느끼는 촉각이기 때문이다. 흔히 스트레스를 풀기 위해 매운 떡볶이, 매운 주꾸미볶음, 매운 닭볶음탕, 매운 돈가스, 매운 라면 등을 즐겨 먹는 사람들이 있다. 매운맛의 음식들이 입안으로 들어가면 혀를 자극하여 땀이 뻘뻘 나고 입안도 얼얼하다. 이러한 '아픔'의 현상이 바로 통증인데, 통각의 세포는 대뇌로 전달되고 매운맛으로부터 발생한 이 통증에 대해 진통제로써 엔도르핀이라는 호르몬이 분비된다.<br><br>이 과정에서 매운 음식을 먹는 것을 그만두지 않고 계속해서 먹고 싶은 욕구가 생기고 저절로 기분전환이 되는 것이다. 매운 음식을 먹고 난 후 시원한 아이스크림이나 팥빙수에 손이 저절로 가는 것은 통각 세포들의 자연스러운 현상일 수 있다. |

| 예시 도안 | 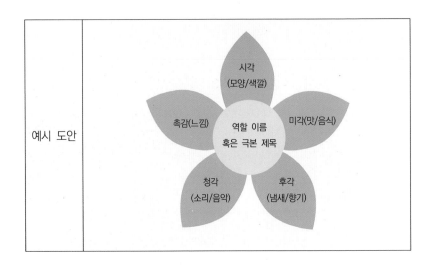 |
| --- | --- |

## (2) 음악으로 문화예술 감수성 키우기

음악은 연극에서 극적인 효과를 내기 위한 훌륭한 재료라고 할 수 있습니다. Chapter 02에 수록된 7편의 극본을 살펴보면 연극이 시작할 때(오프닝), 장면이 전환될 때, 연극이 끝날 때(클로징, 커튼콜)에 음악이 흐른다고 작성하였습니다. 학생들과 연극공연을 연습할 때 음악을 준비하면 두 가지의 학습효과를 극대화할 수 있습니다. 첫째, 무대에 등장하기 전 혹은 장면이 바뀔 때 흘러나오는 음악은 역할을 맡은 학생들이 호흡을 가다듬고 본격적으로 무대에서 실연할 수 있는 준비시간이 됩니다. 둘째, 교과서에 수록된 동요, 클래식, 오페라, 가곡, 대중가요를 비롯해 재즈, 민요, 연주곡, 뮤지컬 넘버, Pop Song, 인디음악, 국외영화 OST를 활용해 작품의 분위기를 설정하고 등장인물의 감정을 상징적으로 표현할 수 있습니다. 특히 저자의 경우 대중가요를 선정할 때 대사를 창작하면서부터 극의 흐름에 따라 철저한 계획을 세웁니다. 학생들 사이에서 그 시대에 인기 있는 아이돌 가수의 유행곡을 선택하기보다는 음악의 가사와 멜로디가 등장인물의 심리상태와 장면 속 상황을 대변하는가를 확인합니다. 음악은 저작권이 있으므로 멜론, 지니, 벅스의 홈페이지를 방문하여 음원을 정식으로 내려받아 사용합니다. 또한 학생들의 수준을 고려해 AR 혹은 MR 중 하나를 선택하여 연습해보고 MR로 연습할 때는 가사를 극의 내용에 알맞게 새로 작사하는 것도 좋습니다. 어떤 방법을 선택하든 다 함께 소리 내어 노래를 부르는 연습을 반복하여 음악을 활용한 교육적 효과를 꾀할 수 있습니다. 극본『보이는 라디오 마음 놀이터』의 제4장에 등장한 용기필요해가 지닌 고민에 대한 해결방안을 제시한 후 라디오 DJ들이 신청곡을 들려주는 장면이 있습니다. 라디오는 청취자의 사연에 대해 음악이라는 도구로 공감과 위로를 선사한다는 장점이 있습니다. 극본에서는 동요로 정해져 있지만, 학생들과 함께 극본을 읽어 본 후 장르 구분 없이 라디오의 신청곡을 직접 선정해보는 것도 좋습니다. 다음은 극본마다 활용할 수 있는 음악의 목록입니다. 학생들과 수준 높은 명곡들을 듣고 부르며 세련된 감각과 음악적 표현을 향상할 수 있고 나아가 진정한 문화예술의 본질을 고찰하는 계기가 될 것입니다.

## 1) 꿈의 모양

| 장 | 곡명(연주자, 앨범명, 가수) | 장르 |
|---|---|---|
| 제1장<br>오프닝 음악 | 리하르트 슈트라우스 교향시<br>(「차라투스트라는 이렇게 말했다」) 작품 30번,<br>중등 음악 교과서 수록곡) | 오페라 |
| 제2장<br>배경음악 | 네모의 꿈(W.H.I.T.E 유영석, 중등 음악 교과서 수록곡) | 대중가요 |
| 제3장<br>배경음악 | 희망이라는 이름의 별(하우스룰즈) | 대중가요 |
| 제4장<br>배경음악 | 뮤지컬 『맘마미아』 I Have a Dream<br>(ABBA, 중등 음악 교과서 수록곡) | 뮤지컬<br>넘버 |
| 제5장<br>배경음악 | 학생들이 직접 최신 유행 음악 선곡하기 | 장르 구분<br>없음 |
| 클로징 음악<br>(커튼콜) | 꿈꾸지 않으면(초등 음악 교과서 수록곡) | 동요 |

## 2) 나빌레라

| 장 | 곡명(연주자, 앨범명, 가수) | 장르 |
|---|---|---|
| 제1장<br>오프닝 음악 | 뮤지컬 『서편제』 살다보면(서차연) | 뮤지컬<br>넘버 |
| 제2장<br>배경음악 | 뮤지컬 『루나틱』 Good Doctor(최혁주) | 뮤지컬<br>넘버 |
| 제6장<br>배경음악 | 길에서 만나다(토이) | 연주곡 |
| 제7장<br>배경음악 | 어메이징 아리랑(경기민요/스코틀랜드민요,<br>초등 음악 교과서 수록곡) | 연주곡 |
| 클로징 음악<br>(커튼콜) | 내 얘기를 들어주오(일본군 위안부 추모곡) | 클래식,<br>클로스오버 |

### 3) 행복 기차로 떠나는 인생 여행

| 장 | 곡명(연주자, 앨범명, 가수) | 장르 |
|---|---|---|
| 제1장<br>오프닝 음악 | 여행을 떠나요(조용필, 중등 음악 교과서 수록곡) | 대중가요 |
| 제2장<br>배경음악 | 예쁜 꼬마 별(초등 음악 교과서 수록곡) | 동요 |
| 제2장<br>삽입곡 | 브람스: 자장가 풀벌레 소리(가장 유명한 오르골 모음) | 키즈<br>자장가 |
| 제3장<br>배경음악 | 행복을 만들어요(중등 음악 교과서 수록곡) | 동요 |
| 제3장<br>삽입곡 | 학생들이 과거 유행한 음악 선정하기 | 장르 구분<br>없음 |
| 제4장<br>배경음악 | 청춘(산울림) | 대중가요 |
| 제4장<br>장면전환<br>음악 | 붉은 노을(빅뱅, 고교 음악 교과서 수록곡) | 대중가요 |
| 클로징 음악<br>(커튼콜) | 뮤지컬 『렌트』 Seasons of Love | 뮤지컬<br>넘버 |

### 4) Talk!Talk!(톡!톡!) 고민을 말해봐

| 장 | 곡명(연주자, 앨범명, 가수) | 장르 | 비고<br>(가사 혹은 소품) |
|---|---|---|---|
| 제1장<br>오프닝 음악 | 피아노 소나타 제8번 「비창」 제2악장<br>(베토벤, 중등 음악 교과서 수록곡) | 클래식<br>피아노 | |
| 제2장<br>배경음악 | Arabian Nights(From<br>"Aladdin"/Soundtrack Version,<br>Bruce Adler) | 애니메이션/<br>웹툰, 키즈,<br>만화 | |
| 제3장<br>배경음악 | 얼굴(Piano Ver, 중등 음악 교과서<br>수록곡) | 가곡 | |

| 장 | 곡명(연주자, 앨범명, 가수) | 장르 | 비고 (가사 혹은 소품) |
|---|---|---|---|
| 제3장 삽입곡 | 뱅뱅뱅(빅뱅) | 대중가요 | BANG BANG BANG<br>BANG BANG BANG<br>빵야 빵야 빵야<br>다 꼼짝 마라<br>다 꼼짝 마<br>다 꼼짝 마라<br>다 꼼짝 마 |
| 제4장 배경음악 | 힘내(소녀시대) | 대중가요 | 하지만 힘을 내<br>이만큼 왔잖아<br>이것쯤은 정말<br>별거 아냐<br>세상을 뒤집자<br>ha!<br>도무지 알 수<br>없는 것뿐인<br>복잡한 이 지구가<br>재밌는 그<br>이유는 하나<br>Yes it's you |
| 제4장 삽입곡 | 별 빛이 내린다(안녕바다) | 대중가요 (인디음악) | 별 빛이 내린다<br>샤랴랄라라랄라<br>샤랴랄라라랄라<br>샤랴랄라랄랄라<br>샤랴랄라라랄라 |
| 클로징 음악 (커튼콜) | 내 마음에는 (초등 음악 교과서 수록곡) | 동요 | 소품(종이 비행기) 활용 |
| | 풍선 (초등 음악 교과서 수록곡) | 대중가요 | 소품(풍선) 활용 |

## 5) 보이는 라디오 마음 놀이터

| 장 | 곡명(연주자, 앨범명, 가수) | 장르 |
|---|---|---|
| 제1장<br>배경음악 | Fly Me To The Moon<br>(영화 『스페이스 카우보이』, Cecilla Dale) | 재즈 |
| 제2장<br>배경음악 | Don't Stop Me Now(Queen) | POP |
| 제3장<br>배경음악 | 아름다운 세상(박학기, 중등 음악 교과서 수록곡) | 대중가요,<br>동요 |
| 제4장<br>배경음악 | 수고했어, 오늘도(옥상달빛) | 대중가요<br>(인디음악) |
| 클로징 음악<br>(커튼콜) | 소리는 새콤 글은 달콤(초등 음악 교과서 수록곡)<br>혹은 *학생들이 직접 선곡하기 | 동요, 혹은<br>*장르 구분 없음 |

## *학생들이 직접 선정한 신청곡의 다양한 사례 소개하기

---

라디오 DJ 1: (신청곡- 난 양 + 예쁜게   엄마꺼끼꺼 ) 들려드리며 <해빗 솔루션 포유>코너 마무리하겠습니다. 어제도 오늘도 내일도 쓰담쓰담.

---

라디오 DJ 1: (신청곡- 징글가요 - 유창석 ) 들려드리며 <해빗 솔루션 포유>코너 마무리하겠습니다. 어제도 오늘도 내일도 쓰담쓰담.

---

라디오 DJ 1: (신청곡- 슈퍼스타   ) 들려드리며 <해빗 솔루션 포유>코너 마무리하겠습니다. 어제도 오늘도 내일도 쓰담쓰담. 이한철

---

라디오 DJ 1: (신청곡- macca hoppy ) 들려드리며 <해빗 솔루션 포유>코너 마무리하겠습니다. 어제도 오늘도 내일도 쓰담쓰담.

---

shakira<br>
라디오 DJ 1: (신청곡- try everything ) 들려드리며 <해빗 솔루션 포유>코너 마무리하겠습니다. 어제도 오늘도 내일도 쓰담쓰담.

---

## 6) Welcome to Happy School

| 장 | 곡명(연주자, 앨범명, 가수) | 장르 |
|---|---|---|
| 제1장<br>오프닝 음악 | 학교가는 길<br>(김광민, 중등 음악 교과서 수록) | 연주곡 |
| 제2장<br>배경음악 | 바이올린 협주곡 2번 3악장 라 캄파넬라(파가니니) | 클래식 |
| 제3장<br>배경음악 | 비틀린 세상<br>(이현도, 고교 2학년 문학 교과서 하권 가사 일부 수록) | 대중가요 |
| 제4장<br>배경음악 | 보칼리제 작품번호 34-14(라흐마니노프) | 클래식 |
| 제5장<br>배경음악 | 새벽 아리랑(라헬) | 클래식,<br>크로스오버 |
| 클로징 음악<br>(커튼콜) | 연극이 끝난 후(서영은) | 대중가요 |

## 7) 뇌 안의 예술

| 장 | 곡명(연주자, 앨범명, 가수) | 장르 |
|---|---|---|
| 제1장<br>오프닝 음악 | Bravissimo maestro(영화 『마담 프루스트의 비밀정원』<br>OST, Franck Monbaylet) | 국외영화<br>OST |
| 제2장<br>배경음악 | 캐논과 지그 D장조(중등 음악 교과서 수록곡) | 클래식 |
| 제3장<br>배경음악 | Attila Disco(영화 『마담 프루스트의 비밀정원』 OST,<br>Sylvain Chomet, Franck Monbaylet), | 국외영화<br>OST |
| 제4장<br>배경음악 | Theme From 'A Streetcar Named Desire'<br>(영화 『욕망이라는 이름의 전차』 테마 곡) | 국외영화<br>OST |
| 클로징 음악<br>(커튼콜) | 오라토리오 메시아 중 할렐루야 합창<br>(헨델, 중등 음악 교과서 수록곡) | 클래식 |

**꿀TIP 클로징 음악 외에 커튼콜로 사용할 수 있는 타 음악도 추천해주세요.**

뮤지컬 『그리스』 OST 수록곡 「We Go Together」, 영화 『마담 프루스트 비밀정원』 OST 수록곡 「Attila Marcel[Version chinoise]」, 영화 『캐리비안의 해적』 OST의 수록곡 「Pirates of the Caribbean」, Free TEMPO의 「Resaudade」, Daishi Dance의 「Romance For Journey」, 하우스룰즈의 「High School Disco(Night)」의 음악은 웅장하고 경쾌한 박자와 리듬이 특징입니다. 학생들이 순서대로 등장하여 관객들과 인사를 나누며 신나는 시간을 즐길 수 있습니다.

 **꿀TIP 극의 장면을 극대화하는 효과음을 안전하게 내려받을 수 있는 방법을 알려주세요.**

인터넷에 검색하면 음원을 내려받는데 전혀 문제가 되지 않는 무료 효과음 다운로드 사이트를 찾을 수 있습니다. 정확한 출처 표기를 하면 효과음을 유용하게 사용할 수 있습니다.


## (3) 최소비용으로 소품의 최대효과 누리기

학교마다 연극공연을 위한 일정한 예산이 정해져 있습니다. 저자의 경우 선생님과 상의하여 최소비용으로 연극에서 사용할 소품을 구매하거나 혹은 재료를 사서 만듭니다. 이 장에서는 저자가 그동안 공연지도를 해오며 직접 경험한 사례를 바탕으로 연극에서 가장 필요한 소품들을 선정하여 차례대로 소개합니다.

첫째, 연극연습과 연극공연에서 필요한 소품이 있습니다. 바로 촬영판입니다. 촬영은 연습할 때 "탁"하며 촬영판을 여닫는 힘찬 소리로 학생들의 동기부여가 되는 준비물입니다. 저자는 극본 『꿈의 모양』의 제1장에서 꿈 날개 사회자2의 "Ready Action!" 구호를 실감 나게 연출

하기 위해 촬영판을 소품으로 활용하였습니다. 극본에는 작성하지 않았으나 『나빌레라』의 제4장 [뉴스] 일본군 위안부 장면에 감독의 역할을 추가하거나 『Welcome to Happy School』에서 최고야 연극선생님이 '큐 사인'을 주는 것도 좋습니다. 혹은 극본 『보이는 라디오 마음의 놀이터』에 등장하는 감독이 촬영판 소품을 사용하여 대사를 표현하는 것도 추천합니다.

둘째, 최근에는 코로나로 인해 항상 마스크를 착용하는 관계로 연극연습을 아무리 열심히 하더라도 무대 위에서 학생들의 목소리와 발음이 관객들에게 잘 전달되지 않을 때가 많습니다. 그러므로 전달력을 높이기 위해 마이크를 대여하거나 사는 것도 좋은 방법입니다. 예산이 부족하여 대여가 어려우면 인터넷 검색을 통해 유선 헤드 마이크를 구매할 것을 추천합니다. 헤드셋을 머리에 착용하면 양손이 자유로워 제스처(몸짓언어)에 제약을 받지 않고 벨트가 포함되어 있어 목이나 허리에 착용할 수 있습니다.

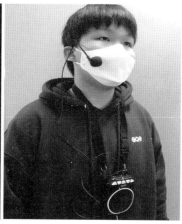

좌측 사진: 대여 마이크를 사용할 때 위의 사진처럼 살색 테이프를 활용해 볼에 부착하여 연극 공연에서 멀리 있는 관객들에게도 대사를 정확히 전달할 수 있다.
우측 사진: 목에 걸 수 있는 마이크는 무대 위에서 학생들이 몸에 지니고 있어 무엇보다 가볍고 대사와 움직임(행동)이 동시에 가능해 마스크를 착용하더라도 선명한 목소리를 전달할 수 있다는 장점이 있다.

셋째, 저자가 창작한 극본에는 등장인물들의 주요소품으로 LED 머리띠, LED 응원봉이 자주 등장합니다. 야광으로 제작된 머리띠, 안경, 응원봉은 보는 이로 하여금 극의 몰입을 이끄는 소품이 됩니다. 특히 최근에 제작된 LED 머리띠에는 구매를 요청할 때 단어 혹은 문구를 작성할 수 있는 옵션이 있습니다. 극 중 등장인물의 이름을 관객들에게 알려야 할 주요한 인물이라면 단어를 작성하여 착용하면 관객들의 이해를 도울 수 있습니다. LED 머리띠의 구매가 어렵다면 머리띠 재료를 활용하여 만드는 방법도 있습니다. 인터넷에서 머리띠 만들기 재료를 검색하면 매우 저렴한 비용으로 제품을 구매하고 머리띠에 장식하여 소품을 만들 수 있습니다. 또한 머리띠 착용을 원하지 않는 학생들이 있다면 목에 거는 명찰에 등장인물의 이름을 크게 작성하는 방법도 있습니다. 다음 사진을 통해 소품의 활용도를 살펴봅시다.

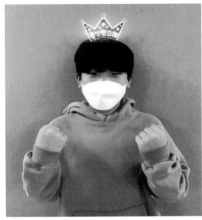

코로나 시국에 마스크로 얼굴을 가리고 있어 연극공연에서 등장인물이 LED 머리띠 소품을 사용하면 계속 불이 켜져 있어서 멀리 있는 관객에게도 역할명을 확실하게 알릴 수 있는 장점이 있다.

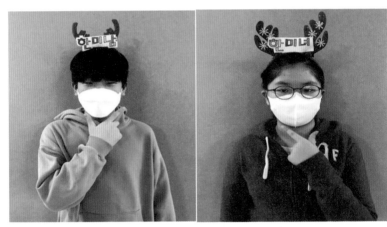

예산의 문제로 LED 머리띠 구매가 어려우면 머리띠 재료를 사서 소품을 준비해도 된다. 선생님께서 한글 문서 혹은 워드에 예쁜 글꼴을 선택해 역할명을 작성하고 출력하여 학생들이 색연필 혹은 사인펜으로 직접 칠해 소품을 만드는 방법도 있다.

목에 걸 수 있는 명찰은 등장인물의 이름을 작성하고 연기하면 안전할 뿐만 아니라 관객들에게 자신의 역할을 자연스럽게 소개할 수 있는 소품이 된다.

극본 『보이는 라디오 마음 놀이터』에서 질문학생조의 경우 물음표로 장식된 머리띠를 소품으로 쓰고 무대 위에 등장하는 방법이 있다. 멀리서 학생들의 대사가 잘 들리지 않더라도 육안으로 역할의 특징을 이해할 수 있다.

극본 『꿈의 모양』이나 극본 『Welcome to Happy School』에서 마지막(엔딩)장면은 LED 응원봉을 소품으로 멋진 무대를 장식할 수 있다. LED 하트 응원봉은 무대를 화려하게 만들고 연극의 막이 내릴 때까지 관객의 이목을 집중시킬 수 있는 흥미로운 소품이 된다.

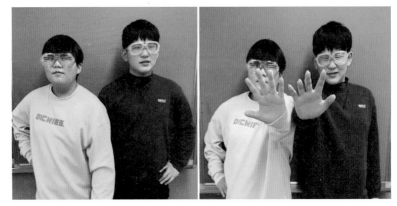

극본 『꿈의 모양』, 『보이는 라디오 마음 놀이터』, 『행복 기차로 떠나는 인생 여행』에서 광고 내레이션 장면, 학생들이 모여서 춤을 추는 장면이 등장한다. LED 안경을 소품으로 활용하면 학생들이 호기심을 가지며 신나는 동작과 율동을 능동적으로 하게 된다.

넷째, 총연습(혹은 리허설)이 모두 끝나면 연극공연은 학교 체육관이나 대강당에서 진행됩니다. 학교 체육관과 대강당에 빔프로젝터가 설치되어 있는 경우, 프레젠테이션으로 무대배경을 제작하여 장면의 정보를 관객들에게 알립니다. 빔프로젝터가 없을 경우 무대배경이 되는 그림 혹은 단어를 컬러 혹은 흑백으로 확대 인쇄하고 적절한 크기의 우드락이나 하드보드지를 구매한 후 부착하여 소품으로 활용합니다. 이와 같은 방법으로 연극의 등장인물 중 안내자가 관객들에게 보여주는 피켓(단어 카드)의 소품도 만듭니다. 실제 연극공연에서 선보인 다양한 피켓(단어 카드) 소품들을 다음 사진으로 소개합니다.

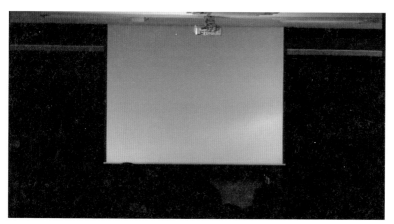

사진처럼 빔프로젝터를 활용하면 연극의 장면을 실감 나게 연출할 수 있는 훌륭한 무대 배경이 된다.

연극연습이 끝나고 공연 날짜가 정해지면 반 학생들이 협동하여 포스터를 만들고 복도 표지판에 붙여 전교생이 볼 수 있도록 한다. 포스터에 반드시 극의 주제나 역할소개가 포함될 필요는 없다. 학생들은 자신들이 좋아하는 캐릭터나 이미지를 포스터에 그려 일렬의 공연 제작과정에서 관객들에게 공연 안내 및 홍보할 수 있는 소품으로 활용한다.

연극『꿈의 모양』제3장 빛나는 별의 꿈에서 도전조의 등장인물들이 피켓 소품으로 큰 별을 만들어 무대배경의 효과를 주고 골든벨조의 대사 내용이 관객들에게 잘 전달할 수 있도록 돕는다.

연극 『행복 기차로 떠나는 인생 여행』 제2장 탄생역에서 추억의 학창시절역조의 등장인물들이 피켓 소품(작은 별)을 들고 등장하여 엄마, 아빠, 아기가 앉아있는 뒤에 서서 리듬에 맞춰 흔든다. 사진을 살펴보면 추억의 학창시절역조의 등장인물들은 머리띠도 착용하고 있다.

연극 『행복 기차로 떠나는 인생 여행』에서 안내자가 피켓 소품(단어 카드)을 관객들에게 선보이며 장면의 흐름을 이끈다. 멀리 있는 관객들에게도 잘 보일 수 있도록 사진을 참고하여 안내자의 피켓 소품(단어 카드)을 만든다.

연극『Talk!Talk!(톡!톡!) 고민을 말해봐』에서 상상엄마조가 등장해 고민이를 압박하는 장면에서 학생조들은 호강, 경쟁, 1등, 공부, 성공의 피켓 소품(단어 카드)을 높이 들어 고민이의 현재 심리상태를 상징하는 소품이 될 수 있다.

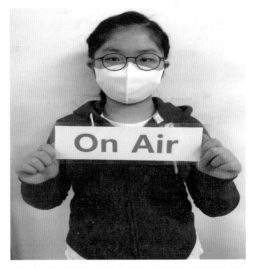

극본『보이는 라디오 마음 놀이터』제1장에서 감독이 방송의 시작을 알리는 On Air의 대사가 있다. 예산이 충분하다면 불이 점등되는 On Air의 소품을 구매해 실감 나게 장면을 연출할 수 있다. 그러나 예산이 부족할 경우 한글 문서혹은 워드로 단어를 작성한 후 코팅 필름지를 부착해 소품을 만든다. 학생들이 연극 활동을 하는 동안 소지하기 편하고 가벼우며 관객들에게 방송 중이라는 상황을 알린다는 장점이 있다.

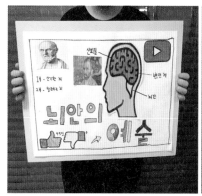

연극 『뇌 안의 예술』은 유튜브 강의가 1부와 2부의 장면으로 구분된다. 학생들이 각 장면마다 등장하는 핵심 단어, 이미지, 내용을 유튜브의 썸(섬)네일처럼 꾸며 직접 연극 소품을 만들 수 있다.

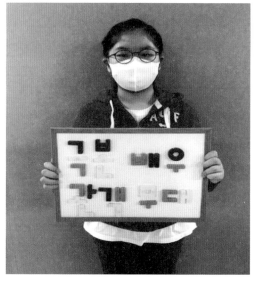

연극 『Welcome to Happy School』에서 최고야 연극선생님이 연극의 4요소를 설명하는 장면에서 화이트보드에 한글 자석 교구를 붙여 관객에게 보여주면 간편한 소품이 된다. 멀리서도 잘 보이는 색의 한글 자석으로 극본, 배우, 관객, 무대를 만들면 마스크를 착용하고 대사를 하더라도 관객들의 이해를 도울 수 있다.

다섯째, 연극의 마지막(클로징) 장면에는 모든 등장인물이 무대에 나와 노래를 부르면서 극을 통해 알리고자 하는 메시지를 관객들에게 전달하며 공연의 막을 내립니다. 수록된 7편의 극본의 결말은 사랑, 소망, 희망, 자유를 상징하는 풍선과 색종이로 접은 비행기와 나비를 소품으로 활용할 수 있습니다. 다음 사진을 보고 소품을 만드는 방법에 대해 알아봅시다.

연극 『나빌레라』의 마지막(클로징)장면에서는 등장인물들이 나비 소품을 들고 동선을 만든다. 노란 색종이 혹은 노란 색지를 활용해 나비를 만들고 그것을 막대 끝에 붙여 움직일 때마다 나비의 양 날개가 팔랑거리게 한다.

교실에서 연극 『Talk!Talk!(톡!톡!) 고민을 말해봐』의 마지막(클로징)장면을 연습하는 모습을 담았다. 학생들이 직접 고이 접은 비행기를 무대 위 혹은 관객석으로 자유롭게 던지며 극의 막이 내린다.

마지막으로, 저렴한 비용으로 의상을 만들어 등장인물의 특징을 부각하는 방법도 있습니다. 실제 연극 『나빌레라』에서 꽃과 나물 앙상블의 경우 티셔츠를 구매하고 부직포로 꽃이나 나무를 만들어 티셔츠에 부착하면 관객들에게 즐거움과 재미를 줄 수 있습니다. 또한 등장인물의 이름과 성격을 표현하기 위해 저렴한 의상이나 티셔츠를 구매하여 등장인물의 이름과 이미지를 넣어 꾸밀 수도 있습니다. 다음 사진들을 통해 의상과 소품의 활용도를 살펴봅시다.

연극 『나빌레라』의 제3장 순행이와 숙향이에서 무대 아래 왼쪽에는 꽃 앙상블이 무대 아래 오른쪽에는 나물 앙상블이 꽃과 나물의 모습으로 서 있다. 꽃과 나물을 표현하기 위해 각각 분홍색과 초록색(연두색)티셔츠 위에 다양한 색의 부직포를 활용해 만든 꽃과 나물을 부착한다.

극본 『Talk!Talk!(톡!톡!) 고민을 말해봐』에서 학생조의 경우 역할명을 관객에게 명확히 보여주기 위해 한글 문서나 워드로 등장인물의 이름과 특수문자를 크게 작성하고 A4 라벨스티커로 인쇄한다. 출력한 라벨스티커는 학생이 입은 평상복 앞, 뒤에 부착한다.

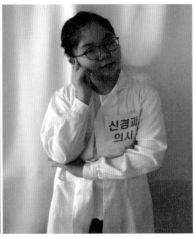

극본 『꿈의 모양』, 『나빌레라』, 『뇌 안의 예술』에서는 신경과 의사 역할이 등장한다. 의상으로 의사 가운을 착용하면 학생들은 자신이 의사가 된 듯 손짓과 몸짓을 사용하고 대사를 처리한다. 인터넷에서 의사 가운을 저렴하게 구매할 수 있고 신경과 의사를 기재한 단어 카드를 만들어 가운에 부착하면 실제 의사의 분위기와 느낌을 살릴 수 있다.

지금까지 연극연습에서 학생들과 선생님들의 호응도가 꽤 높았고 공연이 끝난 후 관객들의 관심도 높았던 소품에 대해 알아보았습니다. 이처럼 소품은 연극연습 과정에서 학생들이 직접 만들기도 하고 선생님과 함께 준비하며 협동과 소통의 의미를 직접적으로 체험하는 기회가 됩니다.


## (4) 리허설(Rehearsal)의 모든 것

리허설(Rehearsal)은 연습공간이 아닌 무대 위에서 실제 공연을 하듯 연습하는 것을 의미합니다.

실제 연극공연을 하기 전 기본적으로 테크니컬 리허설(Technical Rehearsal)과 드레스 리허설(Dress Rehearsal)이 실시됩니다. 전자는 말 그대로 기술적인 사항을 확인하는 연습으로 조명과 음향을 맞춰보며 무대 위에서 연습을 하는 것이고 후자는 공연을 앞두고 의상과 소품을 모두 갖춘 상태에서 총연습을 하는 것입니다. 전자와 후자 모두 극이 시작되고 끝날 때까지 중간에 끊지 않고 연습을 하기 때문에 런스루(Run Through)연습이라고 합니다. 여러 차례의 리허설 과정을 실시하며 공연의 완성도를 최고조로 끌어올립니다.

학교에서 연극공연을 할 때 가장 중요한 요소는 시간입니다. 연극공연을 발표하는 학급의 수가 세 학급 이상일 때 각 학급당 배정되는 시간이 20~25분 남짓하므로 무대에 올라가 런스루(Run Through)를 진행할 때 선생님은 스톱워치로 시간을 반드시 재어봅니다. 테크니컬 리허설과 드레스 리허설에서 런스루(Run Through) 연습을 할 때 조명, 음향, 의상, 소품이 동원되더라도 정해진 시간 내에 극이 시작되고 끝나는지 꼼꼼하게 살펴봐야 합니다.

다음 각 리허설(Rehearsal)에서 선생님과 학생들이 반드시 지켜야 할 수칙을 정리하였습니다.

| 리허설<br>(Rehearsal)<br>종류 | 수칙 | 유의사항 |
|---|---|---|
| 테크니컬 리허설<br>(Technical<br>Rehearsal) | 1. 사전 연극연습에서 준비된 음향(오프닝 음악, 배경음악, 클로징 음악, 효과음)이 무대에서 등장인물들의 대사와 장면 전환에 조화롭게 어울리며 극이 잘 진행되는지 확인한다.<br>2. 무대 조명을 사용할 때 기술적으로 잘 작동하는지 확인한다.<br>3. 무대의 위치와 방향을 기억하고 등장인물 간의 동선과 등, 퇴장에 문제가 없는지 확인한다.<br>4. 음향, 조명, 무대배경의 작동은 담임 선생님 | 1. 주어진 시간 내에 리허설을 소화하는지 확인한다.<br>2. 담임 선생님 혹은 연극선생님은 리허설의 모습을 영상으로 촬영하여 다 함께 모 |

| 리허설<br>(Rehearsal)<br>종류 | 수칙 | 유의사항 |
|---|---|---|
| | 혹은 연극선생님의 몫이므로 학생들과 선생님이 서로 원활한 의사소통을 할 수 있도록 집중한다. | 니터하며 문제점과 개선방안을 검토한다.<br>3. 영상 촬영이 어려우면 리허설의 문제점을 기록하고 학생들과 토의하여 수정 및 보완한다. |
| 드레스 리허설<br>(Dress<br>Rehearsal) | 1. 장면 전환에서 소품이 활용될 때 학생들이 무대의 알맞은 위치와 방향에 세팅하는지 확인한다.<br>2. 등장인물이 의상을 무대 밖에서 입고 등장해야 할 때 문제없이 등장하는지 확인한다.<br>3. 실제 공연과 유사한 상황을 만들어 등장인물들이 최대한 몰입하여 마지막으로 무대연습에 참여한다. | |

# ⑤ 정리단계

## (1) 자기평가와 연극 활동 정리하기

연극공연이 끝나고 나면 전반적인 연극 활동의 참여정도를 선생님이 아닌 학생 자신이 객관적으로 평가하고 관찰하는 시간을 가져봅니다. 자기평가 설문지에 기입된 평가 요소, 평가 문항을 읽고 스스로 점수를 측정할 수 있도록 안내합니다. 이와 더불어 활동 정리 설문지의 4가지 문항을 읽고 자신의 생각을 자유롭게 작성하고 의견과 소감을 공유하는 소통의 장을 마련합니다.

"여러분들의 숨겨진 상상력과 창의성을 찾아내고
마음껏 발휘해 만든 연극공연은
바로 공연예술이라 말할 수 있어요.
처음에는 무대 위에 서는 것이 부담스럽게 느껴졌지만,
이제 우리는 연극을 만들며 하나되고 소통하는
예술가가 되었답니다.
지금부터는 스스로 자신을 평가하고
연극 활동에 대한 자기 생각을 정리해볼까요?"

## 1) 자기평가 설문지

| 평가 요소 | 평가 문항 | 점수로 평가해요<br>5-매우 잘함 4-잘함<br>3-보통 2-노력 필요함<br>1-매우 노력 필요함 | | | | |
|---|---|---|---|---|---|---|
| 마음의 약속 | 세 가지의 약속을 지키고 연극연습에 잘 참여하였다. | 5 | 4 | 3 | 2 | 1 |
| 극본 읽기 | 무대 호흡법, 발성법, 발음법을 활용해 극본을 실감 나게 읽었다. | 5 | 4 | 3 | 2 | 1 |
| 오디션 | 내가 하고 싶은 역할에 선정되기 위해 최선을 다해 대사를 읽고 오디션에 참가하였다. | 5 | 4 | 3 | 2 | 1 |
| 캐스팅 | 친구들이 대사를 읽을 때 집중해서 듣고 공정한 투표를 하였다. | 5 | 4 | 3 | 2 | 1 |
| 움직임<br>(손짓,<br>몸짓언어) | 역할의 성격과 감정에 알맞은 움직임을 생동감 있게 표현하였다. | 5 | 4 | 3 | 2 | 1 |
| 장면 만들기 | 장면 만들기 연습에 적극적으로 참여하였다. | 5 | 4 | 3 | 2 | 1 |
| 리허설 | 드레스 리허설, 테크니컬 리허설에서 자신이 등장하는 장면의 등장과 퇴장을 잘 지켰다. | 5 | 4 | 3 | 2 | 1 |
| 연극 놀이 | 5C의 연극 놀이에서 적절한 목표를 세우고 놀이에 참여하였다. | 5 | 4 | 3 | 2 | 1 |
| 관객과의 만남 | 실제 공연에서 관객들에게 감동과 즐거움을 주기 위해 노력하였다. | 5 | 4 | 3 | 2 | 1 |
| 협동 | 연극연습부터 무대 위에서의 공연까지 친구들과 한마음이 되어 협동하였다. | 5 | 4 | 3 | 2 | 1 |
| 소통 | 연극연습에서 선생님과 친구들의 말을 귀 기울였고 공감하며 배려하였다. | 5 | 4 | 3 | 2 | 1 |
| 역할 창조 | 연극연습에서부터 연극공연까지 대사와 움직임(손짓, 몸짓언어)에서 뛰어난 아이디어를 발휘해 독창적인 역할로 표현하였다. | 5 | 4 | 3 | 2 | 1 |

## 2) 연극 활동 정리 설문지

( )학년 ( )반 이름( )

사랑하는 여러분!

짝짝짝! 드디어 우리가 다 함께 하나가 되어 최선을 다해 연습한 결과 연극공연을 무사히 마쳤습니다. 연극 활동을 마무리하며 여러분의 생각을 정리하는 시간을 마련하였습니다.

아래 4개의 문항을 읽고 자유롭게 작성하세요.


**1. 자신이 생각하는 '연극'이란 무엇이라 생각하나요?**

내가 생각하는 연극은 입니다.

왜냐하면 이기 때문입니다.


**2. 자신이 생각하는 '배우'란 무엇이라 생각하나요?**

내가 생각하는 배우는 입니다.

왜냐하면 이기 때문입니다.


**3. 연극연습에서부터 연극공연까지 활동하면서 좋은 점, 보완할 점을 각 1가지씩 작성하세요.**

1) 좋은 점 -

2) 보완할 점 -

**4. 연극연습에서부터 연극공연까지 활동하면서 가장 열심히 참여한 친구 1명의 이름과 그 이유에 대해 작성하세요.**

친구이름 -

이유 -　　　왜냐하면　　　　　　　　　　　　　　　　때문입니다.

　　　대다수 학생이 자신의 의견을 말하는 토의 시간에 대해 부담을 느끼고 있습니다. 특히 우리나라의 경우 서양과 비교해 어느 분야를 막론하고 토의 및 토론 문화가 정착되지 않은 관계로 자신의 생각과 의견을 자유롭게 말하는 시간을 어려워합니다. 학생들이 토의하는 학습활동을 힘들어하는 이유에 대해 뇌의 구조와 기능으로 보충 설명을 하겠습니다. 콧구멍의 안쪽을 깊숙이 들어가면 연결되는 인간의 앞뇌가 있습니다. 앞뇌는 전두엽이라고도 하는데 우리가 최종적으로 사고하고 판단을 내리도록 하는 장소입니다. 이름이 그렇듯 뇌의 맨 앞쪽, 즉 이마 바로 뒤에 있습니다. 전두엽을 쉽게 이해하기 위해 재미있는 비유를 하면 교육기관에서 학생들의 교육과 선생님들을 총 관리하는 대표자와 같습니다. 더 구체적으로 말하자면 모든 것을 책임지고 결정하는 역할을 담당합니다. 즉, 자신의 견해를 종합해서 말하는 토의는 바로 이 전두엽을 원활하게 작동하게 하는 훌륭한 학습 도구가 될 수 있습니다. 극본『뇌 안의 예술』에도 변연계의 해마 기능을 알기 쉽게 대사로 창작하였으나 주입식 교육은 해마에만 영향을 끼치고 독창적인 사고능력이 향상되기는 어렵습니다. 저자의 개인적인 의견이지만 어쩌면 전두엽을 활성화하는 토의 및 토론 교육이 유년 시절부터 정착되지 못한 까닭에 우리나라에서는 노벨상이 나오지 않는 것일 수도 있겠다는 안타까운 생각이 들었습니다.

일전에 저자가 어느 한 학부모님으로부터 수업 관련한 요청을 받은 적이 있습니다. "선생님, 우리 아이가 평소에 말이 많아요. 토의할 때 쓸데없는 말을 하면 주의 좀 주시면 안 될까요? 다른 친구들에게 이상한 취급 받을까 걱정되네요." 연극 수업에서 마무리 시간에 토의할 무렵 그 학생이 입을 열기 시작했습니다. 그런데 전혀 이상해 보이지도 않았고 도통 쓸데없는 말을 하는 것처럼 보이지 않았습니다. 물론 논리 정연하거나 조리 있게 말하지 않았지만 입을 꼭 다물고 앉아 있는 학생들보다 틀리더라도 자신의 의견을 자신 있게 말하는 그 학생이 유난히 돋보이기까지 했습니다. 보통 토의에서 주제에 어긋나는 말을 지나치게 많이 하는 학생들에게는 선생님들께서 학생의 특징을 미리 인지하는 것도 필요합니다. 저자의 개인적인 경험을 비추어볼 때 예술은 딱히 정해진 답이 없으므로 학생이 어떤 말을 하든 그것은 해답이 될 수 있다고 생각하는 바입니다. 초등학생 고학년생부터 중학생까지 설문지에 작성한 항목별 대표적인 사례를 소개합니다.

---

**1.자신이 생각하는 '연극'이란 무엇이라 생각하나요?**

내가 생각하는 연극은　　　조화　　　　　　　　　　입니다.
왜냐하면　　팀원들, 끼리 조화를 이뤄 연극을　　　아기 때문입니다.
　　　　　　　　　　　　　　　　　　　　　　하기

---

1. 자신이 생각하는 '연극'이란 무엇이라 생각하나요?

내가 생각하는 연극은 <u>조화</u>입니다.
왜냐하면 <u>팀원들끼리 조화를 이뤄 연극을 하기</u> 때문입니다.

---

1.자신이 생각하는 '연극'이란 무엇이라 생각하나요?

내가 생각하는 연극은 자신을 감추고 새로운 것을 보여 주는 것 이라고 생각합니다. 입니다.
왜냐하면 자신을 보여주는 것이 아닌 새로운 가면을 보여주는 것 이기 때문입니다.

---

1. 자신이 생각하는 '연극'이란 무엇이라 생각하나요?

내가 생각하는 연극은 자신을 감추고 새로운 것을 보여주는 것이라고 생각합니다.
왜냐하면 자신을 보여주는 것이 아닌 새로운 가면을 보여주는 것이기 때문입니다

---

2.자신이 생각하는 '배우'란 무엇이라 생각하나요?

내가 생각하는 배우는 감정을 나눠주는 예술가 입니다.
왜냐하면 자신이 맡은 특정 역할을 감정을 담아
여러사람에게 눈물, 즐거움을 줌 기 때문입니다.

---

2. 자신이 생각하는 '배우'란 무엇이라 생각하나요?

내가 생각하는 배우는 감정을 나눠주는 예술가입니다. 왜냐하면 자신이 맡은 특정 역할을
감정을 담아 여러 사람에게 눈물, 즐거움을 주기 때문입니다.

---

2.자신이 생각하는 '배우'란 무엇이라 생각하나요?

내가 생각하는 배우는 색연필 입니다.
왜냐하면 색연필은 배경을 없는 흰종이 꾸미는것처럼 무대자에서 노래하고말하며 무대를 꾸미기 때문입니다.

---

2. 자신이 생각하는 '배우'란 무엇이라 생각하나요?

내가 생각하는 배우는 색연필입니다.
왜냐하면 색연필은 아무것도 없는 종이를 꾸미는 것처럼 무대 위에서 노래하고 말하며 무대를 꾸미기 때문입니다.

---

3. 연극연습에서부터 연극공연까지 활동하면서 좋은 점, 보완할 점을 각 1가지씩 작성하세요.

1) 좋은 점 - 발로를 다가서 하는게 4아졌고 친구와 친해질 수 있었다.

2) 보완할 점 - 목소리를 키우고 발음을 정확히 해야겠다

3. 연극연습에서부터 연극공연까지 활동하면서 좋은 점, 보완할 점을 각 1가지씩 작성하세요.

1) 좋은 점 - 발표를 나가서 하는 게 나아졌고 친구와 친해질 수 있었다.

2) 보완할 점 - 목소리를 키우고 발음을 정확히 해야겠다.

---

3. 연극연습에서부터 연극공연까지 활동하면서 좋은 점, 보완할 점을 각 1가지씩 작성하세요.

1) 좋은 점 - 자신감이 없었는 데 자신감이 생겼다.

2) 보완할 점 - 목소리가 작아 친구들에게잘 단들린 것 같다. 다음 부터는 크게 할거야 겠다.

---

3. 연극연습에서부터 연극공연까지 활동하면서 좋은 점, 보완할 점을 각 1가지씩 작성하세요.

1) 좋은 점 - 자신감이 없었는데 자신감이 생겼다.

2) 보완할 점 - 목소리가 작아 친구들에게 잘 안 들린 것 같다. 다음부터는 크게 말해야겠다.

---

4. 연극연습에서부터 연극공연까지 활동하면서 가장 열심히 참여한 친구 1명의 이름과 그 이유에 대해 작성하세요.

친구이름 -

이유- 왜냐하면 협동해서 하고 다같이 활동하기 좋았기 때문입니다.

---

4. 연극연습에서부터 연극공연까지 활동하면서 가장 열심히 참여한 친구 1명의 이름과 그 이유에 대해 작성하세요.

친구이름 -

이유- 왜냐하면 협동해서 하고 다같이 활동하기 좋았기 때문입니다.

---

4. 연극연습에서부터 연극공연까지 활동하면서 가장 열심히 참여한 친구 1명의 이름과 그 이유에 대해 작성하세요.

친구이름 -

이유- 왜냐하면 내용을 정확하게 하고 자신있게 시끄럽지않게 활동해 때문입니다.

4. 연극연습에서부터 연극공연까지 활동하면서 가장 열심히 참여한 친구 1명의 이름과 그 이유에 대해 작성하세요.

친구이름 -

이유- 왜냐하면 <u>발음을 정확하게 하고 재치있게 생동감 있게 말했기</u> 때문입니다.

## (2) 영상으로 추억 간직하기

코로나 시국에 접어들면서 학교에서 관객 없이 연극공연을 하는 사례가 대다수입니다. 실제 연극공연에서 관객이 있다는 가정하에 학교 강당이나 교실에서 학생들의 공연 모습을 카메라로 촬영하는 방법이 있습니다. 담임 혹은 연극선생님께서는 촬영한 것을 영상 편집하고 학생들에게 다른 반이 한 연극공연을 제공합니다. 교실에서 TV 화면을 통해 시청하거나 파일로 제공하여 각자 집에서 볼 수도 있습니다. 또한 학생들의 연극 활동 모습을 사진으로 촬영해 영상으로 만들면 감동적인 추억을 간직할 수 있습니다. 마이크 없이 연극공연을 하였거나 마스크 착용으로 대사가 잘 들리지 않아도 괜찮습니다. 요즘은 우수한 기능의 영상 편집 프로그램이 많이 개발되어 자막과 음악의 효과로 영상을 충분히 편집할 수 있습니다. 학부모님들께서는 학생들이 연극 활동 시간에 무슨 내용으로 어떤 활동을 하는지 무척 궁금해하십니다. 완성된 영상 편집본을 학부모님께 발송하면 그동안 자녀의 학습활동에 대한 이해를 돕고 그 자체가 결과물이 됩니다. 저자의 경우 영상을 편집할 때 단순히 '수고했어요.', '잘했어요.'라고 마음으로 전하는 인사말 혹은 칭찬보다 아래 사진과 같이 학생들이 오랫동안 기억할 수 있는 연극의 명대사를 인용하여 자막에 표기합니다.

## (3) 다 함께 축하해요! <우리들만의 연극 시상식>

학생들의 자기평가와 활동 정리를 위한 설문지 발표가 종료되면 선생님들은 학생들이 작성한 설문지를 참고하여 상장을 수여하는 시간을 갖습니다. 상장은 연극연습에서부터 무대 위 연극공연까지 참여한 모든 학생에게 제공합니다. 연극 시상식에서 상장을 받음으로써 학생들은 자신감 향상은 물론 성취감을 느낄 수 있습니다. 상의 종류는 크게 협동열정상, 소통왕상, 역할예술창조상으로 구분하고 시상의 기준은 다음을 참고하세요.

| 상장명 | 시상기준 | 비고 |
|---|---|---|
| 협동<br>열정상 | 1. 자기평가 요소의 협동에서 4점, 5점으로 표시한 경우<br>2. 자기평가 요소의 장면 만들기에서 4점, 5점으로 표시한 경우<br>3. 활동 정리 설문지의 항목 1,2번에서 자신의 의견을 작성한 경우 | 1. 3가지의 기준 가운데 1가지라도 표시 및 작성하면 상장 수여<br>2. 상장 도안 참고 |

| 상장명 | 시상기준 | 비고 |
|---|---|---|
| 소통왕상 | 1. 자기평가 요소의 소통에서 4점, 5점으로 표시한 경우<br>2. 자기평가 요소의 극본 읽기에서 4점, 5점으로 표시한 경우<br>3. 활동 정리 설문지의 항목 1,2번에서 자신의 의견을 작성한 경우 | 1. 3가지의 기준 가운데 1가지라도 표시 및 작성하면 상장 수여<br>2. 상장 도안 참고 |
| 역할창조<br>예술상 | 1. 자기평가 요소의 대사, 움직임에서 4점, 5점으로 표시한 경우<br>2. 자기평가 요소의 역할 창조에서 5점으로 표시한 경우<br>3. 활동 정리 설문지의 항목 4번에서 가장 많이 추천을 받은 학생 | 1. 3가지의 기준이 모두 적합하면 상장 수여<br>2. 상장 도안 참고 |

위의 기준에 준수하여 학생들에게 상장을 수여하면서 서로를 축하해 주고 다 함께 박수를 치며 연극 활동을 마무리합니다.


## (4) 협동열정상, 소통왕상, 역할창조예술상의 상장 만들기

저자는 아동, 청소년들에게 연극 활동을 지도하면서 직접 경험한 사례를 바탕으로 상장 도안의 단어, 문구, 문장을 작성하였습니다. 상장에 수상자명과 수여자명은 빈칸으로 되어있는데 그 이유가 두 가지 있습니다. 첫째, 수상자명에는 학생 이름 앞에 배우 혹은 역할의 이름을 작성하면 먼 훗날 상장을 볼 때 반 친구들과 함께 협동하고 소통하며 연극을 했던 좋은 기억을 떠올릴 수 있기 때문입니다. 둘째, 수여자명에는 단순히 ○○초등학교(혹은 ○○중학교) 지도 선생님의 성함을 쓰기보다는 선생님의 재미있는 별명, 바른 혹은 고운 단어 등을 활용하면 학생들에게 신뢰감을 줄 수 있기 때문입니다. 기타사항으로 상장 하단에 지도 선생님의 도장 대신 학생들이 좋아하는 혹은 유행하는 캐릭터

나 이모티콘 등을 적용하면 선생님과 학생들 간의 유대 관계가 돈독해
질 뿐 아니라 학생들의 웃음을 저절로 자아내게 하는 긍정적 효과를 얻
을 수 있습니다. 다음 예시 도안을 참고하여 상장을 만들어 학생들에게
행복한 기억을 선물합니다.

# 협동열정상

### 성명 수상자명


위 학생은 연극 활동에서
함께 협동하고 참여하는
마음이 열정적이므로
이 상장을 수여합니다.


20 년 월 일

수여자명

# 소통왕상

## 성명 수상자명

위 학생은 연극 활동에서
타인과 소통하고
공감하는 능력이 뛰어나므로
이 상장을 수여합니다.

20 년 월 일

수여자명

# 역할창조예술상

### 성명 수상자명

위 학생은 연극 활동에서
풍부한 예술적 감수성으로
역할을 새롭게 창조하여
이 상장을 수여합니다.

### 20  년  월  일

### 수여자명

Chapter 02

연극공연을 위한 극본집

# 꿈의 모양

황소연

## 등장인물

꿈 날개 사회자1 / 꿈 날개 사회자2 / 안내자

상상조(희망이, 소망이, 인정이, 관심이, 궁금이)

별조(티볼별, 바이올린별, 하키별, 유튜버별, 웹툰별원, 웹툰별투)

도전조(왕창도전이, 선물도전이, 의사도전이, 여행도전이, 엄청도전이)

골든벨조(아이돌골든벨일, 아이돌골든벨이, 아이돌골든벨삼, 미술골든벨, 영화골든벨, 배우골든벨)

## 작품해설

작품에 등장하는 학생들은 과연 우리가 상상하는 꿈은 실현 가능할까? 우리가 꿈꾸는 먼 훗날의 모습은 어떨까?, 그렇다면 우리가 품은 이 꿈의 모양을 어떻게 만들까?의 질문과 제안들을 서로에게 건네며 한 발짝 더 가까이 꿈에 다가갈 수 있는 방향을 함께 설정한다. 등장인물들이 각자 원하고 바라는 꿈의 특징을 토대로 네 개의 조로 분류하였다. 첫 번째 상상조는 이공계열에 관심이 많아 이 분야의 진로를 선택한 학생들로 구성하여 자신들의 꿈꾸는 희망사항을 관객들에게 선보인다. 두 번째 별조는 별이 지닌 특징처럼 반짝거리는 자신의 꿈을 위해 스스로 매일 연습하는 성실한 학생들이다. 세 번째 도전조에는 하고 싶은 것도 많고 되고 싶은 것이 많거나 남들이 선택하지 않은 길을 개척하려는 최강의 도전 의식을 지닌 학생들이 모여있다. 마지막으로 골든벨조는 예술적인 끼와 재능으로 똘똘 뭉쳐 자신만의 매력을 발산하는 학생들로 편성하였다. "네 꿈에 날개를 달아 줄게!" 꿈의 날개를 달아주기 위한 프로젝트가 시작된다. 지금부터 그들의 '솔직담백 진솔한' 꿈 이야기에 귀 기울여보자.

***

제1장 관객과의 만남

무대에 오프닝 음악이 흐르면 안내자가 '관객과의 만남'이라는 피켓을 들고 무대 아래 왼쪽에 등장하고 관객들에게 보여준 후 무대 밖으로 퇴장한다. 음악 소리가 작아지면 꿈 날개 사회자 2명이 무대에 등장하여 중간(가운데)에 서서 관객을 바라본다.

꿈 날개 사회자1:　　　와! 정말 많은 관객들이 와 있군요. (고개 숙여 공손히 인사한다.) 공연을 보러 와주신 모든 관객 여러분께 진심으로 감사드립니다. 지금부터 ○○초등학교(혹은 ○○중학교) 학생들의 꿈을 위한 멋진 공연을 시작할 겁니다. 관객 여러분 함께 구호를 외쳐 주시겠습니까? (다시 한 번 큰 목소리로 질문한다.) 함께 외쳐 주시겠습니까? (관객들이 대답을 하면 다른 사회자가 촬영판을 들고 등장한다.) 네, 그러면 여기 나온 사회자가 Ready Action의 구호를 크게 외치면 여러분의 큰 박수 소리와 함께 공연 시작하겠습니다.

꿈 날개 사회자2:　　　(촬영판을 연다.) ○○○○년 ○월 ○일 ○요일 ○○초등학교(○○중학교)의 꿈을 위해! 모두 다 함께 Ready Action! (촬영판을 닫는다.)

꿈 날개 사회자들은 무대 밖으로 퇴장한다.

## 제2장 상상으로 만든 꿈

배경음악이 흐르면 안내자가 '상상으로 만든 꿈'이라는 피켓을 들고 무대 아래 왼쪽에 서서 관객들에게 보여준 후 무대 밖으로 퇴장한다. 음악 소리가 줄어들면 상상조의 희망이와 소망이는 관객석에 숨어 있다가 차례대로 대사를 하며 무대 위로 올라가고 궁금이, 인정이, 관심이가 무대 위 왼쪽에서 등장하여 중간(가운데)에 서서 기본 대형(반원)을 만든다.

| | |
|---|---|
| 희망이: | (점점 크게 말하며) 꿈 …… 꿈 …… 꿈이란, 꿈은 미래를 위한 간절한 희망인 것 같아. 네가 생각하는 꿈은 뭐니? |
| 소망이: | (진지하게 고민하며) 음, 꿈은 미래를 향한 절실한 소망? |
| 궁금이: | 전교 회장과 부회장의 멋진 콜라보(컬래버)야. 꿈이라는 단어가 희망과 소망의 숭고한 만남을 탄생시켰네. |
| 희망이: | 고마워! (사랑의 총알을 궁금이에게 날리며) 뭘, 이 정도쯤이야. |
| 소망이: | 궁금아, 고마워! 우리가 희망하고 소망하는 모든 것은 위대한 꿈을 이루기 위한 첫걸음이 될 거야. |

다 함께 웃으며 박수를 친다.

| | |
|---|---|
| 인정이: | 있잖아, 코로나19로 인해 온택트 시대가 열리면서 |

앞으로 컴퓨터 관련 직종이 떠오르고 있어. 난 세계가 인정하는 컴퓨터 프로그래머가 꼭 될 거야. 그래서 열심히 컴퓨터 관련 책도 찾아보고 아직은 초급 단계이지만 온라인으로 IT 교육도 받고 있어.

관심이:	(인정이에게 엄지를 치켜세우며) 와, 대단한걸? 나도 너처럼 컴퓨터에 관심이 많아. 나중에 어른이 되면 화이트 해커가 되고 싶어.

궁금이:	어? 화이트 해커가 뭐야? 알려줘. (못 참겠다는 듯이 발을 동동 구르며) 아, 궁금해! 궁금해!

관심이:	쉽게 말하자면 화이트 해커란 컴퓨터의 나쁜 해킹을 찾아내고 미리 예방하는 해커야. 화이트의 반대말은 블랙이니까 블랙 해커는 말 안 해도 알겠지?

궁금이:	(자신의 이마를 치며) 아하, 이해했어! 난 나중에 어른이 되면 AI 로봇을 연구하고 개발하고 싶어.

희망이:	잠깐만, 나에게 좋은 아이디어가 떠올랐어. 우리, 꿈을 만들어보자!

다 함께:	(호기심이 가득한 눈으로 희망이를 다 함께 바라보며) 어떻게?

인정이:	어떻게 꿈을 만든다는 거야?

희망이:	여기로 모여봐.


희망이의 주위로 나머지 친구들이 원형을 만들어서 모인다.


궁금이:	(머리를 긁적이며) 빨리빨리 말해줘. 난 궁금한 건 도저히 참을 수 없다고…….

다 함께 모여서 희망이의 이야기를 듣는다. 희망이의 이야기가 끝나면 서로의 손바닥을 마주치며 환호한다.

다 함께:    자, 시작해볼까?

흘러나오는 음악에 맞추어 무대 위에 미리 준비해 두었던 상자 소품을 들고 무대 중간(가운데)에 모여 원형을 만들어 2바퀴를 돈다. 음악이 서서히 줄어들면 상자 소품으로 꿈의 단어를 만들고 무대 앞쪽에 가로 대형으로 선다.

소망이:    우리가 만든 꿈은,
다 함께:    끊임없는……,

단어가 쓰인 피켓을 들고 서서 1명씩 무대 앞으로 걸어 나와 큰 소리로 외친다.

희망이:    상!
소망이:    상!
인정이:    과!
관심이:    노!
궁금이:    력!

상상조의 등장인물들이 무대 밖으로 퇴장한다.

***

## 제3장 빛나는 별의 꿈

배경음악이 흐르면 안내자가 '빛나는 별의 꿈'이라는 피켓을 들고 무대 아래 왼쪽에 서서 관객들에게 보여준 후 무대 밖으로 퇴장한다. 별조의 등장인물 중 티볼별, 바이올린별, 하키별이 무대 위 왼쪽에서 함께 등장하고 음악 소리가 점점 작아지면 대사를 하기 시작한다. 이어서 유튜버별, 웹툰별원, 웹툰별투도 무대 위 왼쪽에 등장하여 다 같이 무대 중간(가운데)에서 기본 대형(반원)을 만든다.


티볼별:　　　(공을 던지는 시늉을 하며) 티볼 한판 어때?

바이올린별:　피구 한판 어때?

하키별:　　　오늘은 너희들끼리 놀아라. 난 집에 가서 숙제해야 해.

티볼별, 바이올린별:　(의아해하며) 무슨 숙제?

하키별:　　　오늘 선생님께서 내주신 숙제 '내가 생각하는 꿈' 말
　　　　　　　이야. 근데 꿈이 꼭 있어야 하는 걸까?

유튜버별:　　난 있어야 한다고 생각해. 꿈이 있어야 목표와 계획
　　　　　　　을 세울 수 있으니까.


도전조의 등장인물들이 무대에 등장하여 소품으로 만든 별을 들어 무대배경을 만든다. 무대 위 왼쪽과 무대 아래 왼쪽 사이에 자리를 잡고 대형을 만든다.


웹툰별원:　　애들아, 우리가 꿈을 위해 지금 무엇을 하고 있는지

하나씩 말해볼까?

별조는 도전조의 등장인물들이 만든 별 소품 주위로 한 명씩 다가 가 대사한다.

웹툰별투:  나는 웹툰 작가가 되고 싶어서 열심히 만화를 그리고 있어.

웹툰별원:  정말? 어쩜 나랑 똑같네. 역시 우리는 데칼코마니 같아.

웹툰별투:  우린 오래 두고 가깝게 사귄 벗, 바로 친구잖아.

티볼별:  너희도 알겠지만 난 티볼선수가 되려고 매일 방과 후에 학교 운동장에서 연습하고 있어.

유튜버별:  난 유튜브 크리에이터가 되고 싶어. 창의적인 콘텐츠도 직접 개발하고 제작할 거야. 그래서 매일매일 영상을 찍고 편집하는 연습을 하고 있어.

다 함께:  (동시에) 넌 Wonderful! 꿈은 Beautiful!

바이올린별:  난 바이올리니스트가 되려고 독학으로 연습하고 있어. 악마의 바이올리니스트라고 불리는 파가니니처럼 되는 게 내 꿈이야!

하키별:  (빙판에서 하키 연습하는 흉내를 내며) 난 아이스하키 선수가 되려고 매주 두 번 스케이트를 타고 있어.

티볼별:  꿈을 향한 질주는 계속된다. 쭈욱!

다 함께 Queen의 'We Will Rock You'노래의 리듬에 맞춰 박수를 치며 발을 구른다.

다 함께:      (동시에) 우리가 원하는 걸 말해! 하나, 둘! 하나, 둘,
             셋!

별조의 등장인물들이 노래를 부르는 동안 도전조의 등장인물들이
무대 밖으로 퇴장한다. 노래가 멈추면 차례대로 자신이 희망하는 직업
을 말하기 시작한다.

티볼별:       티볼선수!
바이올린별:   바이올리니스트!
하키별:       아이스하키 선수!
유튜버별:     유튜버 크리에이터!
웹툰별원:     웹툰 작가!
웹툰별투:     우리의 반짝반짝 빛나는 꿈을 위해!
다 함께:      자, 이제 집으로 가자.

별조의 등장인물들이 한 줄 기차를 만들어 무대 위 왼쪽 방향으로
퇴장하면 제3장 초반에 나온 배경음악이 흘러나오고 음악 소리가 서서
히 작아진다.

*** 

제4장 도전하는 꿈

배경음악이 흐르면 안내자가 '도전하는 꿈'이라는 피켓을 들고 무
대 아래 왼쪽에 서고 관객들에게 보여준 후 무대 밖으로 퇴장한다. 음

악 소리가 작아지면 왕창도전이, 선물도전이가 어깨동무를 하고 대화를 나누며 무대 위 왼쪽에서 등장한다.

왕창도전이: 어제 별 나오는 꿈꿨는데 글쎄 별이 유튜버가 되어 웹툰 작가를 소개하고 티볼이랑 아이스하키 체험을 하다가 바이올린 연습 브이로그를 보여주더니 마지막엔⋯⋯,

선물도전이: 마지막에는?

왕창도전이: BMW타고 집으로 가더라.

선물도전이: 그 비싼 BMW를?

왕창도전이: 응, Bus, Metro, Walking. 아, 맞다. 오늘 선생님이 내준 숙제 있잖아.

선물도전이: 내가 생각하는 꿈 말이야?

왕창도전이: 응, 넌 어떻게 생각해?

선물도전이: (곰곰이 생각하며) 음, 꿈은 삶의 원동력?

의사도전이, 여행도전이, 엄청도전이가 등장해 무대 위 오른쪽과 무대 아래 오른쪽에서 서서 대화한다.

의사도전이: 그리고 영향력? 네 꿈은 뭐야?

여행도전이: 하고 싶은 것도, 되고 싶은 것도 너무 많지만⋯⋯, (큰 소리로 강조하며) 내 꿈은 세계여행이야!

다 함께: 뭐? 세계여행?

여행도전이: 응, 꿈이 꼭 직업만 말하는 건 아니잖아. 난 세계여

|          |                                                                      |
|----------|----------------------------------------------------------------------|
|          | 행을 떠나 끝이 안 보이는 연두색 들판을 꼭 보고                        |
|          | 싶어.                                                                |

다 함께: 꿈확행! (꽃가루를 뿌리며)

여행도전이: 무슨 뜻이야?

선물도전이: (여행도전이에게 손을 펼치며) 네 꿈을 향한 확실한 행복을 놓치지 않길 바라.

어행도전이: (손을 꽉 쥐며) 행복은 항상 내 손안에 ……, 고마워.

의사도전이: 솔직히 말해 난 꿈이 없었어. 그런데 이번에 숙제에 대해 생각하면서 새로운 꿈이 생겼어. 우리 할머니께서 2년 전에 뇌졸중으로 쓰러져 대학병원 응급실에서 치료를 받으셨어. 다행히 치료는 잘 되셨지만, 우울증으로 일상생활에 불편함을 겪고 계시거든. 난 열심히 공부해서 뇌졸중 후에 일어나는 감정장애를 무료로 치료하는 신경과 의사가 될 거야.

선물도전이: 너의 불타오르는 도전을 진심으로 응원할게. 애들아, 현재 전 세계는 포스트 코로나 시대로 접어들었어. 코로나 확산으로 사람들이 질병에 대한 관심이 높아지고 있어. 앞으로 신종 바이러스에 대비하고 예방하는 전문가가 많이 필요한 것 같아. 난 사람들에게 마스크 없는 안전한 세상을 선물하는 바이러스 전문가가 되고 싶어.

왕창도전이: (손뼉 치며) 꿈은 삶을 긍정적인 방향으로 이끄는 신기하고 마법 같은 힘을 가진 것 같아. (엄청도전이를 향해) 네가 되고 싶은 꿈에 대해 말해줄래?

엄청도전이: 사실 내 꿈은 셀 수 없을 만큼 엄청 많아. (오른손 엄지손가락부터 새끼손가락까지 차례대로 접으며) 영어 선생님, 회계사, 수의사, 건축가, 요리사.

왕창도전이: 나도나도! (왼손 엄지손가락부터 새끼손가락까지 차례대로 접으며) 바리스타, 비행기 조종사, 외교관, 판사, 은행원.

엄청도전이: (서로를 마주보며) 난 엄청도전이!

왕창도전이: (서로를 마주보며) 넌 왕창도전이!

엄청도전이: 그럼 엄청, 왕창 도전하는 의미에서 다 함께 우리의 다짐을 외쳐볼까?

다 함께: (동시에) 꿈은 인생의 계획표!


도전조의 등장인물들이 무대 밖으로 퇴장한다.


\*\*\*


## 제5장 골든벨의 꿈

안내자가 '골든벨의 꿈'이라는 피켓을 들고 무대 아래 왼쪽에 등장하고 관객들에게 보여준 후 무대 밖으로 퇴장한다. 무대 중간(가운데)에 골든벨조의 등장인물 중 아이돌골든벨일, 아이돌골든벨이, 아이돌골든벨삼이 등장해서 음악에 맞춰 춤을 추고 있다. 춤이 끝나면 미술골든벨, 영화골든벨, 배우골든벨이 무대 위 왼쪽에서 등장해서 대화한다.


미술골든벨: 오, 듣기만 해도 흥이 뿜뿜! 뭐 하고 있던 거야?

아이돌골든벨일:　　　보다시피 춤 연습하고 있잖아.

아이돌골든벨일, 아이돌골든벨이, 아이돌골든벨삼은 멋진 포즈를 취한다.


아이돌골든벨이:　　　우리는 전 세계로 뻗어가는 슈퍼 아이돌이 될 거야.

아이돌골든벨삼:　　　K-pop 가수가 되고 싶어 사인부터 준비했지.

아이돌골든벨일, 이, 삼: (함께 허공에 사인하는 제스처를 하며) 다 잘 될 거예요.

미술골든벨:　　　그대로 멈춰라! (손가락으로 사각형을 만들어 그 사이로 아이돌골든벨일, 이, 삼의 모습을 보며) 구도도 좋고, 포즈도 예술이네! 열정 넘치는 꿈을 그려 드림. (두 팔을 벌리며) 이래 봬도 내 꿈이 화가잖아.

영화골든벨:　　　혹시 내 꿈도 그려줄 수 있어?

다 함께:　　　네 꿈이 뭔데?

영화골든벨:　　　난 실화를 바탕으로 영화를 제작하는 감독이 되고 싶어. 내 꿈은 세계 3대 영화제로 손꼽히는 칸, 베니스, 베를린에서 수상하는 거야. 평소 연령제한을 지키고 다양한 장르를 관람하면서 시나리오도 창작하고 관람평도 꾸준히 작성하고 있어. 벌써 영화제목도 지었는걸…….

| | |
|---|---|
| 다 함께: | 우와, 기대된다. |

영화골든벨 친구 주위로 모두 모인다.

| | |
|---|---|
| 영화골든벨: | 기대해도 좋아. 그건 바로, 꿈의 모양이야. |
| 미술골든벨: | 제목만 들어도 무지갯빛 이야기들이 가득할 것 같아. 네 꿈은 컬러링 북으로 만들면 좋겠어. |
| 배우골든벨: | 있잖아, 내 꿈 이야기도 들어줘. (손가락을 하나씩 펼치며) 초특급 어드벤처, 블록버스터, 코믹, 호러, 액션 연기를 모두 할 수 있는 배우가 되고 싶은데 뭘 어떻게 준비해야 할지 모르겠어. |
| 다 함께: | 배우? |
| 아이돌골든벨일: | 평소 친구들 앞에서 큰 소리로 말하는 연습을 해보는 건 어떨까? |
| 아이돌골든벨이: | 예를 들면 수업 시간의 토의 활동에서 리더 역할을 하는 거야. |
| 아이돌골든벨삼: | 집에서 책을 읽을 때 배우라는 가면을 쓰고 다양한 목소리와 행동으로 표현하는 것도 추천할게. |
| 배우골든벨: | 얘들아, 고마워! 지금부터 내 꿈을 천천히 펼치는 연습을 할게. |
| 미술골든벨: | 우리가 끊임없이 꿈을 꾸는 동안 그 꿈에 한 발짝 더 가까워지게 될 거야. |

영화골든벨:　　　　　　(열려있는 촬영판을 닫고) 컷! 과연, 우리가
　　　　　　　　　　　품고 있는 꿈의 모양은 어떨까?


　　무대에서 클로징(커튼콜) 음악이 흘러나오면 극의 모든 등장인물
은 LED 하트 응원봉을 들고 등장한다. 무대 중간(가운데)에 상상조, 별
조, 도전조, 골든벨조는 거대한 하트 대형과 작은 하트 대형, 무대 앞
가로 대형을 만들고 꿈 날개 사회자1과 꿈 날개 사회자2는 무대 아래
오른쪽과 아래 왼쪽의 양 끝에 서서 각각 등에는 날개 소품을 착용하
고 노래를 부른다. 노래가 끝나면 가운데에 대형을 만든 등장인물들은
LED 하트 응원봉을 머리 위로 올려 힘차게 흔들고 꿈 날개 사회자1,2
는 반 무릎 자세를 취해 두 손을 뻗어 무대 중간(가운데)을 가리킨다. 막
이 내린다.

# 나빌레라

제7회 중구청 행복한 세상, 신나는 학교 '청소년 연극제' 공감상 수상작

황소연

## 등장인물

나순향 할머니 / 어린 나순향(동생) / 어린 나숙향(언니) / 안내자

신경과 의사(나순향 할머니의 성인이 된 손녀 혹은 손자) / 나순향 할머니의 어린 손녀 혹은 손자

환자조(가환자, 나환자, 다환자, 마환자) / 치매환자 / 보호자 / 보호자의 아들(혹은 딸)

최 아나운서 / 강 아나운서 / 담임 선생님 / 동네 아저씨 / 일본군

학생조(말함이, 목격이, 알림이, 질문이, 답변이)

꽃 앙상블(아름꽃, 다운꽃) / 나물 앙상블(취나물, 참나물)

## 작품해설

어린 시절 위안부 할머니와 함께 살았던 주인공(손자 혹은 소녀)이 먼 훗날 신경과 의사가 되어 돌아가신 할머니를 그리워한다. 주인공의 할머니는 기억력, 언어능력, 판단력의 인지기능이 점점 퇴화하는 치매의 병을 앓고 있다. 시간이 흐르면서 병세가 악화하여 어느 날 길을 잃고 헤메다 교통사고로 목숨을 잃게 된다. 주인공은 치매의 걸리신 할머니가 돌아가신 후 그동안 쓰신 일기장을 보면서 할머니의 유년 시절 기억 속으로 발자취를 따라간다. 주인공은 학생들에게 올바른 역사의식 고취의 중요성을 알리고 작고하신 위안부 할머니들을 추모하는 마음을 담아 마지막 장면을 노란 나비로 승화시키며 막이 내린다.

***

## 제1장 나빌레라

무대에 오프닝 음악이 흐르면 가방을 멘 학생조가 무대에 등장하여 무대 전체를 여기저기 돌아다니면서 겉표지에 노란 나비가 그려진 책을 읽고 있다. 무대를 종횡무진으로 움직이다가 음악 소리가 작아지면 자리에 멈춰 서고 동시에 큰 소리로 대사를 외친다.


학생조: (동시에)　　　나빌레라!


학생조가 무대 밖으로 퇴장한다.



***

## 제2장 기억 속으로

배경음악이 흐르면 의사, 치매 환자, 보호자가 무대 중간(가운데)에 등장한다. 의사는 무대 아래 오른쪽에 서 있고, 치매 환자는 무대 아래 왼쪽에 앉아있고 보호자는 치매 환자에게 다가간다. 안내자는 '기억 속으로'라는 피켓을 들고 무대 위 왼쪽에 등장하고 관객들에게 보여준 후 퇴장한다. 음악 소리가 점점 작아진다.


치매 환자:　　누구세요?

보호자:          저, 어머니 아들(혹은 딸)이잖아요. (팔짱을 낀다.) 이제
                병실로 가서 눈 좀 붙여요.
치매 환자:       (보호자가 낀 팔짱을 빼며 의사 뒤로 숨어 보호자에게 손가
                락질 하며) 저 사람 나빠. 제발 집으로 보내줘.
보호자:          어머니, 이러시면 안 돼요.
의사:           밥도 잘 드시고 잠도 잘 주무시면 집에 가실 수 있
                어요.
치매 환자:       (갑자기 의사의 멱살을 잡고 화를 내며) 너는 다 알고 있
                었지?
보호자:          어머니, 왜 이러세요. 선생님, 정말 죄송합니다.


보호자의 아들(혹은 딸)이 등장한다.


보호자의 아들(혹은 딸): (땀을 닦으며) 여기 있었네, 한참 찾았잖아.
치매 환자:       (웃으며) 친구야, 눈깔사탕 먹자!
보호자의 아들(혹은 딸):알겠어, 할머니 저쪽으로 가자.


보호자의 아들(혹은 딸)은 치매 환자를 부축해서 무대 위 왼쪽으로
퇴장한다. 의사는 보호자에게 다가가 묻는다.


의사:           보호자님 아드님(혹은 따님)인가 봐요. 몇 살인가요?
보호자:          13살이에요. 어머니께서 손자(혹은 손녀) 말을 잘 들
                으세요. 선생님, 방금 전 일은 죄송했습니다.
의사:           아닙니다. 전 괜찮아요. 그런데 환자분의 기억이 현

저히 감퇴하고 있어요. 병이 악화될수록 가족들의
보살핌이 중요합니다.

보호자:    네, 좀 더 신경 쓸게요. 저는 이만 어머님께 갈게요.

의사:      네, 알겠습니다.


보호자는 무대 밖으로 퇴장하고 환자복을 입은 치매 환자조가 무
대에 등장하여 가환자는 무대 아래 왼쪽, 다환자는 무대 아래 오른쪽에
앉거나 서서 대사한다. 나환자는 무대 전체를 돌아다니고 마환자는 의
사 선생님 곁으로 다가가 대사한다.


가환자:    (관객을 향해) 누구지?

나환자:    (무대 여기저기를 돌아다니며) 여긴 어디야?

다환자:    (무대 아래 오른쪽에 앉아서) 엄마, 빨리와! 보고 싶어.

마환자:    (의사 선생님 옆에 서서) 약 주세요. 약 먹고 잘래요.

신경과 의사: (무대 중간에서 서서) 여러분, 안녕하세요. 전 신경과
           의사예요. 치매가 불치병이라는 사실은 다 알고 계
           시죠? 점차 시간이 흐를수록 최근 기억부터 과거의
           기억까지 감퇴하면서 결국 모든 기억을 잃게 됩니
           다. 치매 환자들에게 조금의 위안이라도 드리고 싶어
           요. 만약 치매가 나쁜 기억만 잃는 병이라면 얼마나
           좋을까요? 요즘에 제가 치료하는 치매 환자를 보면
           돌아가신 저희 할머니가 자꾸만 생각납니다. 할머니
           께서 저를 기억하지 못하셔도 괜찮아요. 제가 할머
           니를 생생하게 기억하고 있으니까요. 그때 그 시절

로 돌아갈 수만 있다면 할머니를 꼭 안아드리고 싶어요.

신경과 의사, 가환자, 나환자, 다환자, 마환자는 무대 밖으로 퇴장한다.

*** 

### 제3장 순향이와 숙향이

안내자는 '순향이와 숙향이'라는 피켓을 들고 무대 아래 왼쪽에 등장하고 관객들에게 보여준 후 무대 밖으로 퇴장한다. 무대에 효과음 새소리가 흘러나오고 어린 나순향은 무대 위 왼쪽에서, 어린 나숙향은 무대 위 오른쪽에서 한 손으로는 광주리를 들고 한 손으로는 옆으로 펴서 나비가 날갯짓을 하는 모습을 표현한다. 동요 '나비야'를 부르고 움직이며 무대 중간(가운데)에서 만난다. 이때, 각각 2명씩 꽃과 나물 역할을 맡은 등장인물들이 무대 위 오른쪽과 무대 위 오른쪽에서 등장하여 관객석과 가깝게 무대 아래 오른쪽에는 꽃 앙상블이 무대 아래 왼쪽에는 나물 앙상블이 자리 잡아 꽃과 나물의 모습으로 서 있다. 부직포로 꽃과 나물을 만들어 티셔츠 앞에 부착하여 관객들의 웃음을 자아낼 수 있도록 재미있게 표현한다.

어린 나순향, 어린 나숙향: (노래를 부르며) 나비야, 나비야 이리 날
　　　　아오너라. 호랑나비, 흰나비 춤을 추며 오너라.
어린 나순향: (나물 앙상블이 있는 곳으로 다가가 큰 소리로 말한다.) 언

니! 이리 와봐. 여기 봄나물이 엄청 많아.

어린 나숙향: (손수건으로 동생 땀을 닦아주며) 취나물이랑 참나물이네. 탐스럽기도 해라. 오늘 저녁은 실컷 먹을 수 있겠다.

어린 나순향: (꽃 앙상블이 있는 곳으로 다가가) 우와, 언니 여기 꽃 천국이다. 내가 예쁜 꽃반지 만들어 줄게.

어린 나숙향: 나도 만들어 줄게. 짜아안. (서로 마주 보고 웃는다.) 아빠, 엄마도 우리가 이렇게 잘 지내는 모습, 하늘나라에서 보고 계시겠지?

어린 나순향: (손으로 배를 움켜잡고) 언니, 배고프다. 빨리 가서 밥해 먹자.


어린 나순향과 어린 나숙향이 광주리를 옆구리에 끼고 무대 밖으로 퇴장하는 도중에 동네 아저씨는 두 자매를 발견하고 무대 중간(가운데)으로 헐레벌떡 뛰어온다.


동네 아저씨: (가쁜 숨을 몰아쉬며) 너희들, 여기 있었구나.

어린 나순향, 어린 나숙향: (동시에) 아저씨, 안녕하세요.

동네 아저씨: 그래, 일본군들이 공장으로 데려갈 처녀를 찾고 있다고 하는구나. 공장으로 일하러 가면 돈도 많이 주고 쌀도 준다고 하는데 가는 게 어떻겠니?

어린 나숙향: 좋은 기회이지만, 제가 가면 순향이만 혼자 남게 되어서…….

동네 아저씨: 둘 다 가면 되지.

어린 나순향: (기뻐하며) 정말, 저도 숙향언니 따라가도 돼요?

동네 아저씨: 그럼, 당연하지. 내일 정오까지 느티나무 앞으로 오면 차 한 대가 기다리고 있을 거야. 짐은 무거우니 가져오지 말아라.

어린 나순향, 어린 나숙향:(밝게 웃으며) 네, 좋아요. (머리 숙여 인사한다.) 감사합니다. 그럼 저희는 내려갈게요. 내일 봬요.


어린 나순향, 어린 나숙향은 무대 밖으로 나비야 노래 부르며 퇴장한다. 동네 아저씨는 무대 중간에 서 있고 일본군이 동네 아저씨를 향해 무대 중간(가운데)으로 걸어 나온다.


일본군: 이봐! 또 한 건 해냈군. 벌써 30명이나 채웠어. 오늘 저녁까지 10명 더 채우도록……,

동네 아저씨: 네. 잘 알겠습니다.

일본군: 그래야 이 동네에서 살아남을 수 있다는 사실, 꼭 명심하라고!

동네 아저씨: 네, 명령 받들겠습니다.


일본군이 무대 밖으로 퇴장하면 동네 아저씨가 뒤따라 퇴장한다. 꽃, 나물 앙상블도 퇴장한다.

***

## 제4장 [뉴스] 일본군 위안부

안내자는 '[뉴스] 일본군 위안부'라는 피켓을 들고 무대 아래 왼쪽에 등장하고 관객들에게 보여준 후 무대 밖으로 퇴장한다. 무대에는 뉴스 효과음이 흘러나오고 최, 강 아나운서가 무대에 등장하여 중간(가운데)에 서서 효과음이 끝나면 관객을 향해 고개 숙여 인사한다.

최 아나운서: 안녕하세요. 버터플라이 뉴스의 최 아나운서입니다. 일본군 위안부 피해자 기림의 날이 8월 14일 국가기념일로 제정되었습니다. 전 세계적으로 위안부 피해자는 20만 명으로 추정되고 있습니다.

강 아나운서: 현재 대한민국 정부에 등록된 240명의 일본군 위안부 피해자 중 13분이 생존해계시고 평균 나이는 91세이십니다. 일본 정부의 진심 어린 사과와 적절한 피해보상 그리고 대한민국 정부의 현명한 대처가 시급한 상황입니다. 버터플라이 뉴스를 마칩니다. 이상 강 아나운서였습니다.

최, 강아나운서: (동시에) 감사합니다.

관객들에게 인사하고 무대 밖으로 퇴장한다.

\*\*\*

## 제5장 마지막 모습

무대 위 왼쪽에 허리가 굽은 모습으로 할머니가 등장하고 무대 전체를 돌아다니며 정처 없이 길을 떠도는 것처럼 행동한다. 무대 밖에서 손녀 혹은 손자가 나순향 할머니를 애타게 부르고 무대 위 왼쪽으로 등장하고 바로 나순향 할머니를 발견한다.

| | |
|---|---|
| 손녀 혹은 손자: | (큰 소리로) 할머니! (더 큰 소리로) 할머니! (할머니를 발견하고) 내가 할머니 때문에 정말 못 살아요! |
| 나순향 할머니: | 누구? (주머니에서 손수건을 꺼낸다.) 이거 우리 언니한테 줘! |
| 손녀 혹은 손자: | (손수건을 들고) 할머니, 자꾸 이렇게 돌아다니다가 큰일 나요. |
| 나순향 할머니: | (손수건을 갑자기 빼앗으며 무대 밖으로 퇴장한다.) |
| 손녀 혹은 손자: | 할머니, 그쪽은 집으로 가는 길이 아니라고요. |

교통사고를 연상하는 효과음이 나오고 그다음 구급차 소리가 요란하게 울린다. 손녀 혹은 손자는 그대로 주저앉는다. 효과음이 작아지면 손녀 혹은 손자는 무대 밖으로 퇴장한다.

***

## 제6장 진실의 외침

배경음악이 흐르면 안내자는 '진실의 외침'이라는 피켓을 들고 무대 아래 왼쪽에 등장하고 관객들에게 보여준 후 무대 밖으로 퇴장한다. 학생조가 하나둘씩 등장하여 무대 중간(가운데)에 서고 담임 선생님은 무대 아래 왼쪽에 선다. 음악 소리가 점점 작아진다.

담임 선생님: 오늘의 그룹 토의 주제는 위안부입니다. 얼마 전 작고하신 위안부 할머니께서 살아생전에 쓰신 일기장이 최근 책으로 출판되어 베스트셀러가 되었습니다. 여러분들에게 위안부에 대해 자세히 설명하고자 우리 학교를 방문해 주셨습니다. 책 '나빌레라'의 주인공인 나순향 할머니의 손자(혹은 손녀) ○○○ 선생님을 소개합니다.

담임 선생님의 소개가 끝나면 신경과 의사가 흰색 가운을 입고 무대 아래 오른쪽에 등장한다.

신경과 의사: 안녕하세요. 저는 나순향 할머니 손자(혹은 손녀) ○○○입니다.

학생들:      (손뼉 친다.)

신경과 의사: 감사합니다. 여러분은 위안부에 대해 얼마나 알고 있나요? 위안부가 지닌 본래 뜻은 13세에서 16세까

지 처녀를 대상으로 강제 동원되어 일본의 성 노예 생활을 강요당한 여성을 지칭합니다. 위안부에 대해 알고 있는 사람 발표해볼까요?

학생들은 손을 들고 한 걸음 앞으로 나와 발표하기 시작한다.

말함이: 제가 알기론 지난 1991년 8월 14일에 김학순 할머니 께서 용기 있는 증언을 하시면서 위안부의 실체가 수면 위로 떠오른 것으로 알고 있어요.

목격이: 네, 예전에 TV에서 일본대사관 앞에서 수요일마다 한 번도 빠지지 않고 정기 수요시위를 진행하고 있 는 모습을 본 적이 있어요.

알림이: 일본 아베 총리도 생존하고 계신 위안부 어르신들께 진정성 있는 사과가 아닌 수박 겉핥기식 사과만 한 상태이죠.

질문이: 현재까지 발표된 우리나라의 위안부 할머니들께서 몇 분이나 생존하셨는지 궁금하네요.

답변이: 모두 13분이신 걸로 알고 있어요. 생존하신 분들을 위해서라도 모든 국민이 일본으로부터 공식적인 사 과를 받아 내기 위해 다 함께 노력했으면 좋겠어요.

신경과 의사: 네, 맞습니다. 생각한 것보다 여러분들 위안부에 대 해 정말 잘 알고 있군요. 생존해 계신 위안부 할머님 가운데 심각한 정신 및 심리적 트라우마를 겪고 계 신 분들이 많습니다. 위안부라는 사실이 세상에 알

려지면 자신의 신변에 위협이 생길까 봐 비밀로 고이 간직한 채 살아온 것이지요. 저희 할머니께서는 일기장을 통해 마음과 몸에 새겨진 주홍글씨를 여과 없이 드러내며 자신이 살아있는 위안부의 증거임을 명명백백하게 밝히려고 노력하셨습니다. 할머니가 살아오신 고통의 세월은 결국 바람에 흩날리는 먼지처럼 기억이 사라지는 치매로 생을 마감하셨습니다. 그리고 저는 위안부 할머니들의 울부짖음을 대신해 세상을 향해 외치고자 이 자리에 서 있습니다.

담임 선생님: 여러분들의 말씀대로 위안부 할머니들께 드리는 사죄는 대한민국 국민이 납득할 수 있는 수준으로 해결해야 합니다. 현재 지역 곳곳의 평화의 소녀상이 설치되어 있습니다. 여러분들 동네 근처에 있는 소녀상을 직접 찾아가 추모하는 시간을 갖길 바랍니다. 오늘 수업은 여기까지 할게요. 반장!

답변이:   차렷! 선생님께 인사!

다 함께:   감사합니다.


무대에 효과음 학교 종소리가 울리면 학생조, 담임 선생님, 신경과 의사는 무대 밖으로 퇴장한다.

***

## 제7장 고백

배경음악이 흐르면 안내자는 '고백'이라는 피켓을 들고 무대 아래 왼쪽에 등장하고 관객들에게 보여준 후 무대 밖으로 퇴장한다. 음악 소리가 작아지면 어린 나순향과 나숙향 언니가 무대 중간(가운데)에 등장한다.

어린 나순향: 고백할 게 하나 있어. 난 위안부였어. TV에서 나오는 그 위안부 이야기들이 나와 우리 언니의 이야기이기도 하지. 아무에게도 말하지 않은 언니와 단 둘의 비밀이었지.

어린 나숙향: 내 나이 14살. 우린 공장으로 돈 벌려고 간 거였어. 내 동생은 일본 군인들에게 농락당했고, 참을 수 없어 내가 대신 발길에 차여 장기가 파손되었지. 그리고 난 동생과 영원히 볼 수 없게 되어 버린 거야.

어린 나순향: 그 지옥 구덩이 속에서 나만 살아 고향으로 돌아온 게 정말 미안하고 죽을 죄를 지은 것 같아. 내가 가지고 다니는 이 손수건은 언니가 나에게 준 선물이야. 나 마지막 가는 길 손수건도 함께 묻어줘. (어린 나순향은 손수건을 무대 앞쪽 바닥에 내려놓고 어린 나숙향과 함께 무대 뒤로 서 있는다.)

무대에 클로징(커튼콜) 음악이 흘러나오면 어린 나순향과 어린 나숙향을 제외한 모든 등장인물이 소품으로 만든 노란 나비를 들고 무대에 등장하며 노래를 부르기 시작한다. 노란 나비는 막대 끝에 달려있어 등장인물이 막대를 잡고 무대 위를 걸어 다니며 움직일 때마다 양 날개가 팔랑거리는 모습이 자유로워 보인다. 어린 나순향과 어린 나숙향의 주위를 등장인물들이 에워싸고 노란 나비를 하늘 위로 향해 다 함께 올린다. 막대 끝을 흔들어 노란 나비의 날개가 마치 자유롭게 하늘을 날아다니는 듯한 장면이 연출되면 어린 나순향과 어린 나숙향이 손을 꼭 잡고 서로의 얼굴을 마주 보고 웃는다. 서서히 음악 소리가 작아지면 막이 내린다.

# 행복 기차로 떠나는 인생 여행

제6회 중구청 행복한 세상, 신나는 학교 '청소년 연극제' 재능상 수상작

황소연

## 등장인물

작가 / 안내자

탄생역조(엄마, 아빠, 아기)

추억의 학창시절역조(이지금, 지현재, 오우리, 나가장〈엄마의 학창시절〉)

청춘역조(오청춘, 전청춘, 성청춘, 시청춘, 기청춘, 구청춘, 나청춘)

비정규직이 뭐길래역조(예부장, 민과장, 함팀장, 최인턴〈아빠의 사회 초년생 시절〉,
고인턴, 임인턴)

## 작품해설

'내 인생의 행로는 어디로 가는 것일까?, 그 종착역은 어디일까?' 이 작품은 '여행'이라
는 테마로 등장인물들이 탄생역, 추억의 학창시절역, 청춘역, 비정규직이 뭐길래역을
다니며 우리가 그동안 살아온, 지금 살고 있는, 앞으로 살아갈 인생을 이야기한다. 등
장인물들은 안내자가 이끄는 기차를 타고 역에 내려 즐거운 시간을 보내며 달콤한 추
억을 서로에게 선물한다. 때론 시련과 고난이 찾아오면 이것을 기회로 받아들이고 지혜
롭게 극복한다. 극의 마지막에는 작가가 등장하여 인생에서 가장 행복한 순간을 관객들
에게 제안하며 열린 결말로 마무리한다.

\*\*\*

제1장 작가와 함께

무대에 오프닝 음악이 흐르면 작가가 무대 중간(가운데)에 놓인 의자에 앉아 책을 보고 있다. 잠깐 책에 글을 쓰다가 멈추고 일어나 무대 앞으로 나가 관객들을 향해 인사한다.

작가:　　　안녕하세요. 관객 여러분! 제 서재에 오신 것을 환영합니다. 제 소개를 간단히 하자면 연극 극본을 쓰는 작가입니다. 혹시 16세기 영국의 극작가 윌리엄 셰익스피어가 쓴 희극 '뜻대로 하세요'를 알고 있나요? '세상은 무대, 남자나 여자나 인생은 배우에 불과합니다.' 그가 창작한 주옥같은 이 대사는 현재까지 전 세계적으로 많은 사람에게 귀감이 되고 있습니다. 여러분들의 인생을 연극으로 만든다면 어떤 무대가 펼쳐질까요? 상상하기가 어렵다고요? 그 해답을 찾기 위해 지금부터 여러분들과 함께 인생 여행을 떠날 겁니다. (무대에서 효과음 기차 소리가 흘러나온다.) 이제 곧 행복 기차가 출발합니다. 자, 어서 동행하시죠. (작가는 의자를 들고 무대 밖으로 퇴장한다.)

***

## 제2장 탄생역

안내자가 무대에 '탄생역'이 작성된 피켓을 들고 무대 아래 왼쪽에 등장하여 관객들을 향해 보여준다.

안내자:　　　이번 역은 탄생역입니다.

안내자가 무대 밖으로 퇴장하면 엄마가 엄청 불룩해진 배를 두 손으로 잡으며 임산부의 모습으로 무대 중간(가운데)을 향해 걸어오며 대사한다.

엄마:　　　(손에 쥐고 있던 손수건으로 흐르는 땀을 닦고 무대 중간에 힘겹게 앉으며) 휴우…….이젠 배가 남산만 하게 불러와서 걷기도 앉기도 너무 힘드네.

아빠:　　　(손에는 봉투를 들고 즐거운 표정으로 엄마를 큰 소리로 부르며 무대 중간으로 걸어온다.) 까꿍이 엄마, 나왔어.

엄마:　　　왔어요?

아빠:　　　(엄마 옆에 앉으며) 당신이랑 우리 아기 먹으라고 맛있는 딸기 사 왔어.

엄마:　　　(산통이 오는지 힘들어 하며) 아……,

아빠:　　　(깜짝 놀라며) 왜 그래?

엄마:　　　(갑자기 소리 지르며) 아악, 아기가 나오려나봐. (더 크게 소리 내며) 으악.

| 아빠: | (옆에 있던 손수건을 엄마 입안에 넣고) 힘줘! 조금만 더! |
|---|---|

효과음 아기 울음소리가 흘러나오고 우유병을 물고 있는 귀여운 아기가 아장아장 걸으면서 무대 중간(가운데)에 등장한다.

| 아빠: | 우리 아기는 효자(혹은 효녀)인가봐! 낳자마자 4살이야. |
|---|---|
| 아기: | (방긋 웃으며) 엄마! 아빠! |
| 엄마: | (아기를 무릎에 눕히고 우유를 먹이며) 우리 아기! 우유 많이 먹고 건강하게 자라렴. (아기를 물끄러미 쳐다보며) 어머나! 웃고 있네. 좋은 꿈 꾸나 봐. 무슨 꿈을 꾸는 걸까? |
| 아빠: | 깨어나도 평생 기억할 수 있는 행복한 꿈이었으면 좋겠다. |
| 엄마: | '기억은 일종의 약국이나 실험실과 같다. 아무렇게나 내민 손에 어떤 때는 진정제가 또는 독약이 잡힌다.' 아가야, 엄마가 가장 좋아하는 프랑스 소설가 프루스트가 한 말이야. 앞으로 우리 아가의 손에 잡힐 기억들은 무엇일까? |
| 아빠: | 난 우리 아기가 매일매일 행복이 가득한 소풍 같은 삶을 살길 바라. 돌이켜보면, 난 인턴 시절이 가장 행복했어. 당신은? |
| 엄마: | 글쎄, 음……, 내가 가장 행복했던 기억은? |

삽입곡이 흘러나오면 무대에 추억의 학창시절역조의 이지금, 지현

재, 오우리가 교복을 입고 별(달 혹은 하트)의 피켓 소품을 들고 등장하여 엄마, 아빠, 아기가 앉아있는 뒤에 서서 리듬에 맞춰 소품을 흔든다. 오르골 소리가 점점 커지면 엄마, 아빠, 아기는 무대 밖으로 퇴장한다. 이지금, 지현재, 오우리는 소품을 들고 오르골 소리가 작아질 때까지 흔든다.

*** 

## 제3장 추억의 학창시절역

효과음 기차 소리가 흘러나오고 안내자가 무대에 '추억의 학창시절역'이 작성된 피켓을 들고 무대 아래 왼쪽으로 등장한다. 이지금, 지현재, 오우리는 소품을 무대 뒤 바닥에 내려놓는다.

안내자:     이번 역은 추억의 학창시절역입니다.

안내자가 무대 밖으로 퇴장한다. 배경음악이 흐르고 점점 작아지면 대사를 한다.

이지금:     너 혹시 내일 국어 수업주제 기억해?
지현재:     당연하지. 인생에 대한 짧은 단상이잖아.
이지금:     지금부터 각자가 생각하는 인생에 대해 말해볼까?
오우리:     인생은 거대한 퍼즐이라고 생각해. 우리는 매일 퍼즐 조각을 하나씩 맞춰가며 살아가고 있으니까.
지현재:     인생은 희비극의 축제가 아닐까 싶어. (박수를 치며)

생생한 라이브로 진행되는 연극처럼 삶은 희비극이 조화롭게 어우러진 향연이라 할 수 있지.

오우리: (무대 뒤 미리 준비해 둔 소품을 활용하여 찰리 채플린처럼 콧수염과 지팡이, 중절모를 쓴 채) '인생은 가까이서 보면 비극이지만 멀리서 보면 희극이다.' 오늘따라 찰리 채플린의 명언이 머릿속에 계속 맴도네.

이지금: 난, 인생하면 엉킨 실이 떠올라! (어색한 춤을 선보이며) 풀릴 듯 안 풀릴 듯 쉬운 듯 어려운 듯…….

오우리: 가까이서 네 춤을 보니까!

지현재: 새드배드 엔딩!


갑자기 무대 밖에서 나가장이 큰 소리로 외친다.


나가장: 얘들아, 어디 있어?

이지금, 지현재, 오우리: 여기야!

나가장: (급하게 뛰어오면서 무대로 등장한다. 참았던 숨을 내뱉으며) 헉헉, 한참 찾았잖아. (숨을 천천히 고르며 말한다.) ○○구에서 초등학생(혹은 중학생)을 대상으로 댄스대회가 열린다던데…….

이지금: 그래서?

오우리: 같이?

지현재: 출전하자고?

나가장: 최종 우승팀에는 무려 100만의 상금 지급!

이지금, 오우리, 지현재: (지현재 주위로 반원 대형을 만들어서 모인다.)

정말?

이지금:　　난 대회 나기기로 결심했어. 꼭 우승할 거야.

오우리:　　나도 결심했어. 그동안 갈고 닦은 웨이브 실력을 보여줄 거야.

지현재:　　상금 타서 연말에 자선냄비에 모금하자.

나가장:　　그래, 우리에게 잊지 못할 행복한 추억을 만들어보는 거야. 애들아, 준비됐지?

이지금, 지현재, 오우리: (엄지와 검지가 만나 동그랗게 만든 제스처와 다 함께 큰 소리로 외친다.) 오케이!

과거 유행했던 음악(노래)이 흘러나오면 다 같이 한마음이 되어 즐겁게 춤을 춘다. 춤이 끝나면 이지금부터 나가장까지 차례대로 손바닥을 펼쳐서 탑을 쌓으며 한 명씩 외친다.

이지금:　　지금!

지현재:　　현재!

오우리:　　우리가!

나가장:　　가장!

다 함께:　　(다 함께 쌓은 손 탑이 자연스럽게 공중에 흩어지며) 행복해!

수업이 시작하는 종소리가 울리고 추억의 학창시절역조의 등장인물들은 무대 밖으로 퇴장한다.

***

## 제4장 청춘역

무대에서 배경음악이 흐른 후 점점 작아지면 효과음 기차 소리가 흘러나온다. 안내자가 무대에 '청춘역'이 작성된 피켓을 들고 무대 아래 왼쪽으로 등장한다.

안내자:　　　이번 역은 청춘역입니다.

안내자가 무대 밖으로 퇴장하고 오청춘, 전청춘, 성청춘, 시청춘이 무대 위 왼쪽에서 함께 등장하고 하이 파이브를 하며 기뻐한다. 대사를 하며 무대 중간(가운데)에서 기본 대형(반원)을 만든다.

오청춘:　　　다들 반갑다. 도대체 이게 얼마만이야?
전청춘:　　　고등학교 졸업하고 4년 만인가?
성청춘:　　　시간 빠르다. 넌 뭐 하고 지냈냐?
시청춘:　　　난, 3개월 전에 군 제대했지.

갑자기 기청춘, 구청춘, 나청춘이 무대에 등장하고 다 함께 웃으며 반겨준다.

다 함께:　　　(하이 파이브, 혹은 주먹 악수, 손 흔들기, 가볍게 어깨를 두 드리는 모습을 보이며) 오랜만이야. 모두 반가워.
전청춘:　　　(기청춘에게) 인별그램에서 피드로 안부는 종종 보고

있어.

성청춘: 나도 본 것 같아. 굉장히 의미 있는 일을 하고 있던
데……,

친구들은 인별그램배경의 피켓 소품을 들고 기청춘이 사진 포즈를
할 수 있도록 양옆에서 들어준다. 피켓에는 좋아요, 기청춘의 게시글,
해시태그도 써있다. 기청춘은 잠시 손목에 착용한 팔찌를 보이고 엄지
척의 제스처를 취하면 나머지 친구들은 동시에 큰 소리로 찰칵 소리를
낸다.

다 함께: (동시에) 찰칵, 팔찌 너무 예쁘다.
기청춘: 이건 유기 동물들에게 따뜻한 마음을 대신 전할 수
있는 후원 팔찌야. 매년 100,000마리의 유기 동물이
발생하고 있는데 이 중 입양되는 동물의 비율은
25% 밖에 안 된다고 해. 난 유기 동물들이 아름다운
세상을 살아나갈 수 있도록 꾸준히 기부도 하고 주
기적으로 유기견 보호소에서 자원봉사도 하고 있어.
너희들도 함께 참여할 수 있어?
다 함께: (동시에) #(샵)사지 말고 입양하세요, #(샵)작은 생
명에게 전하는, #(샵)선한 영향력, #(샵)후원기부팔
찌, #(샵)진심을 담은 봉사, #(샵)동참해요.
나청춘: 의미 있는 일에 적극 동참하고 싶어. 난 대학교 졸업
하자마자 외주제작사 다큐멘터리 PD 시험 봐서 합
격했거든. 다큐는 논픽션(실화)의 세계여서 PD에게

필요한 덕목은 일상의 목소리에 경청하는 자세야. 조연출부터 업무를 시작해서 마침 참신한 아이디어가 필요했는데 너무 잘됐다. (기청춘에게) 조만간 취재하러 갈게. 기다려줘.

전청춘:　가슴속에서 뜨거운 열정이 마구 샘솟는 것 같아. 요즘같이 취직이 하늘의 별 따기인 시기에 그것도 대학 졸업하자마자 취직을 했단 말이지? (박수치기) 둘 다 너무 멋진걸! 그런데 혹시 너희들 21세기가 우리를 향해 뭐라고 부르는지 알고 있어?

다 함께:　뭔데?

구청춘:　난 알고 있지. 바로 MZ세대라고 해. 요즘 디지털 환경과 최신 경향에 따라 모바일을 활용한 직업군들이 늘어나고 있어. 내가 컴퓨터 공학과를 졸업했잖아. 전공을 살려 현재 모바일 앱 개발을 하고 있어. (오청춘에게) 넌 어떻게 지내?

오청춘:　(자신없는 말투로) 사실 난 대학교 학점도 우수하지 않고 쌓아온 스펙이 없어서 단순 사무라도 할 수 있는 회사를 알아보고 있는데 쉽지 않더라. 코로나 여파로 대다수 회사가 신규채용을 중단하고 있어서 말이야. 또 AI는 나날이 발전하면서 사라질 직업군에 사무행정직도 있어 앞으로 뭘 하고 살아야 할지 막막해.

시청춘:　스펙보다 숨어있는 네 잠재성을 믿어봐.

구청춘:　Impossible에서 점 하나 찍으면 I'm possible이잖아.

| 나청춘: | One of a Kind! 넌 특별한 존재라는 사실을 기억하길 바라! |
|---|---|
| 성청춘: | 그래, 우린 아직 청춘이니까 도전은 곧 성장의 기회가 될 거야. |
| 기청춘: | 오늘은 청춘들의 멋진 말 대잔치의 날이구나! 그런 의미에서 저녁은 내가 낼게. 가즈아! |

무대 밖으로 퇴장하면 이때, 장면전환 음악이 흐르는 동안 비정규직이 뭐길래역조의 등장인물들은 무대에 등장하여 의자를 활용해 회사처럼 무대를 전환한다.

*** 

### 제5장 비정규직이 뭐길래역

효과음 기차 소리가 흘러나온 후 안내자가 무대에 '비정규직이 뭐길래역'이 작성된 피켓을 들고 무대 아래 왼쪽에 등장한다. 무대 아래 오른쪽에는 예부장과 민과장, 함팀장의 자리가 있고 무대 중간(가운데)에는 인턴들이 앉는 의자 3개가 적절한 간격으로 놓여있다.

| 안내자: | 이번 역은 비정규직이 뭐길래역입니다. |
|---|---|

안내자가 무대 밖으로 퇴장한다.

| 최인턴: | 월말 보고서입니다. |
|---|---|

예부장:      (보고서를 받고 확인 후 버럭 화를 내며) 보고서가 무슨 낙서장이야? 맥락도 없고, 논리는 더 없네. 이렇게 엉망으로 처리하면 어떡해? 다시 해와!(보고서를 바닥으로 던진다.)

최인턴:      (떨어진 보고서를 줍고 말없이 고개를 숙인 채 서있다.)

예부장:      왜, 대답이 없어?

민과장:      (얄밉게) 부장님, 참으십시오. (최인턴을 향해 손가락질하며) 보고서 다시 작성해오세요.

최인턴:      (어두운 표정으로) 네, 알겠습니다. (자리로 가서 앉는다.)

함팀장:      (자리에서 일어나 부장에게 간다.) 부장님, 뭣 하러 힘 빠지게 화를 내십니까! 어차피 최인턴은 1년 비정규직이잖아요.

민과장:      저러다가 알아서 자기 발로 나가겠죠.

예부장:      최인턴! 밤을 새워서라도 내일까지 보고서 다시 작성하고 이번 프로젝트 망치면 책임질 각오해! 난 이만 퇴근해야겠다. (민과장에게) 민과장, 나랑 칼퇴근하는 건 어때?

민과장:      부장님, 너무 좋죠. (손뼉을 두 번 치며) 남은 인턴들은 보고서 작성에 집중하세요.


예부장, 민과장은 무대 밖으로 퇴장하고 무대에 남아있는 배우들이 7시를 크게 말한다.


함팀장, 최인턴, 고인턴, 임인턴: (큰 소리로 동시에 외치며) 7시!

함팀장:       (무대 위 왼쪽을 향해) 부장님께서는 본부장님으로 승
              진하실 생각만 하십시오. (인턴들을 바라보며) Work
              and Life Balance! 여러분, 정규직이 되어 일과 삶의
              균형의 꿈같은 맞춤 복지제도! 이 워라밸을 경험하
              고 싶지 않으신가요? 자, 야근 시작입니다. 업무에
              집중하세요.

함팀장는 무대 밖으로 퇴장하고 최인턴, 고인턴, 임인턴만 무대에
남아있다.

고인턴:       다들 퇴근 시간까지 힘냅시다.
임인턴:       (한숨을 길게 푹 쉬며) 어휴, 일 년 후에도 정규직이 될
              까 말까 하는 불안이 밀려와요. 요즘은 끝이 안 보이
              는 어두운 터널을 힘겹게 걷고 있는 인생의 침체기
              같아요.
고인턴:       쇼펜하우어가 '인생은 무료함과 고통의 연속'이라고
              말했듯 목표를 달성하기 위해 고통이 따르는 것은
              당연하다고 생각해요. 결과에 연연하기보다 과정에
              따르는 끊임없는 고통의 굴레에서 벗어날 때 극복이
              란 걸 깨닫게 될 거예요.
최인턴:       맞아요. 인생에서 완벽한 행복이란 없으니까요. 결국
              인생은 진정한 자아를 찾기 위한 과정이라고 생각하
              니 온몸에 전율이 마구 느껴져요. 다 함께 절망은
              잠시 접어두고 희망을 활짝 펼쳐보아요.

임인턴:   듣고 보니 지금은 인생의 침체기가 아닌 어쩌면 황
         금기란 생각이 드네요. 우릴 향해 눈 부신 햇살이 비
         춰줄 거라는 희망을 안고 어두운 터널 속으로 힘차
         게 걸어 나가요.

작가가 책을 들고 무대에 등장하여 인턴들 앞으로 향해 걸어가 자
리를 잡고 멈춰 선다.

작가:    인생에서 가장 행복한 기억은 바로 지금, 이 순간 아
         닐까요?

클로징(커튼콜) 음악이 흘러나오면 무대 위에 등장인물들 모두 등
장하여 노래를 부른다. 음악이 끝나면 관객석을 향해 형형색색의 종이
비행기를 던지며 막이 내린다.

# Talk!Talk!(톡!톡!) 고민을 말해봐

황소연

황소연

## 등장인물

해결사 / 안내자

학생조(고민이, 도움이, 억울이, 믿음이, 응원이)

엄마조(명령엄마, 강요엄마, 명심엄마, 경쟁엄마, 부담엄마)

사폭학생조(*사이버 폭력의 줄임말 – 사폭주동자, 사폭추종자, 사폭동조자, 사폭공격자, 사폭방관자)

솔루션엔젤조(솔루션엔젤일, 솔루션엔젤이, 솔루션엔젤삼, 솔루션엔젤사)

## 작품해설

지금, 여기, 고민으로 근심이 가득 찬 초등학생 두 명이 있다. 아침에 일어나 어김없이 학교에 가고 수업이 끝나면 엄마의 지시에 따라 학원을 가야 하는 초등학생 그리고 학교에 가면 매일같이 친구들에게 무차별적인 사이버 폭력에 시달리는 억울한 초등학생. 이들 앞에 무엇이든지 말하면 해결해주는 '고민을 말해봐' 상담소장 해결사가 나타난다. 작품은 해결사와 학생들이 힘을 합쳐 실타래처럼 꼬여 쉽게 풀리지 않을 것만 같았던 고민들을 지혜롭게 해결하는 과정을 보여준다. 이를 통해 우리가 함께 걸어 나가야 할 소통의 길을 안내한다.

***

## 제1장 하교하는 길

무대에 오프닝 음악이 흐르면 안내자가 '하교하는 길'이라는 피켓을 들고 무대 아래 왼쪽에 등장한다. 관객들에게 피켓을 보여준 후 무대 밖으로 퇴장한다. 학교 수업이 끝나는 종소리가 울리면 고민이, 도움이가 가방을 메고 하교를 한다. 무대에 등장하여 무대 중간(가운데)으로 걸어간다.

고민이:　(고개는 바닥을 향해 숙이고 길게 한숨을 쉬며) 어휴.

도움이:　집으로 가? 아니면 학원으로 가?

고민이:　(더 길게 한숨을 쉬며) 어휴.

도움이:　야야야, 땅 꺼지겠다. 왜 이렇게 한숨을 쉬냐?

고민이:　(축 늘어진 어깨, 무표정으로 하늘만 쳐다보고 있다.)

도움이:　혹시 너 무슨 일 있어?

고민이:　아니, 오늘 같은 날은 학원 가기 싫다. 숙제도 안 했단 말이야.

무대에 억울이, 믿음이, 응원이가 대화를 나누며 등장하여 고민이, 도움이를 중심으로 양옆으로 선다.

억울이:　너희들 거기서 뭐 해?

믿음이:　응, 난 오늘 학원 안 가는 날이라 집으로 가고 고민이는 학원 가려고……,

응원이:　　　난 오늘 멋있게 학원 안 갈 거야.

억울이:　　　맞아, 나도.

도움이:　　　우리, 좋은 곳 갈 건데. 너희들도 같이 갈래?

고민이, 믿음이: (궁금하다는 듯) 어디로?


고민이, 믿음이를 가운데에 두고 도움이, 억울이, 응원이가 양쪽에서 고민이, 믿음이의 팔을 붙잡는다.


응원이:　　　(고민이에게) 너도 오늘 하루는 학원 가지 마!

고민이:　　　(떠밀리는 듯) 어디로 가는 건데. 말을 해줘.

도움이, 응원이: 우리만 믿고 따라와!


고민이, 도움이, 억울이, 믿음이, 응원이는 무대 밖으로 퇴장한다.


***

제2장 고민을 말해봐

안내자가 '고민을 말해봐'라는 피켓을 들고 무대 아래 왼쪽에 등장하고 관객들에게 보여준 후 무대 밖으로 퇴장한다. 배경음악이 흐르는 동안 무대배경은 상담소로 전환되고 해결사는 무대에 등장해 무대 아래 오른쪽에 선다. 해결사는 고깔 모양의 모자를 쓰고 망토를 착용하고 있다. 두꺼운 책을 보면서 안경을 만진다. 무대에 응원이가 등장해 앞장서서 무대 중간(가운데)으로 걸어가고 고민이, 억울이, 믿음이, 도움이가 그 뒤를 따라 호기심이 가득 찬 눈으로 신기한 듯 상담소를 둘러보며 천천히 등장한다. 음악 소리가 작아지면 도움이, 응원이가 대사를 말한다.

도움이, 응원이: 여기야!

해결사: (모자를 벗고 큰 소리로 인사하며) 어서 오세요! 여러분의 고민을 한 방에 해결해 드리는 고민을 말해봐의 해결사입니다. 무슨 일로 오셨나요?

고민이: 선생님, 전 엄마 때문에 고민이 많아요.

해결사: 어머니께서? 왜요?

도움이: 이 친구 학원을 5개나 다니고 있어요. (손가락으로 세면서) 영어, 수학, 과학영재, 스피치, 피아노.

억울이, 믿음이, 응원이: (동시에) 와, 정말?

해결사: 그래서 이렇게 표정이 시무룩하군요. 어깨도 축 쳐져 있네요.

고민이: 전 엄마의 노리개가 아니라고요. 저희 엄마는 항상 저에게…….

고민이가 상상하는 엄마의 다양한 모습을 연기할 명령엄마, 강요엄마, 명심엄마, 경쟁엄마, 부담엄마의 등장인물이 등장하여 학원 고민이의 주위에 에워싼다. 상상엄마들은 각자 고무장갑, 앞치마, 헤어 롤(그루프)을 착용하거나 국자, 냄비를 들고 있다. 도움이, 억울이, 믿음이, 응원이는 무대 뒤에 두었던 피켓 소품(단어 카드-호강, 경쟁, 1등, 공부, 성공)을 위로 높게 들고 상상엄마들 뒤에 선다. 해결사는 무대 아래 오른쪽으로 서서 고민이가 상상하는 엄마들의 모습을 지켜본다.

명령엄마:    내일부터 과학영재 학원 다니는 거야! 오늘 걷지 않
             으면 내일 뛰어야 해!

강요엄마:    넌 꼭 엄마의 꿈을 이루게 해줘. 반드시 의사가 되어
             야 한다!

명심엄마:    이번 시험은 무조건 전교 1등이야! 명심해!

경쟁엄마:    엄마가 말했지? 다른 친구들과 경쟁! 경쟁에서 반드
             시 이기라고!

부담엄마:    나중에 성공해서 엄마 호강 시켜줄 거지?


명령엄마, 강요엄마, 명심엄마, 경쟁엄마, 부담엄마가 점점 가까이
고민이에게 다가가서 에워싸며 차례대로 큰 소리로 말한다.


부담엄마:    호강!

경쟁엄마:    경쟁!

명심엄마:    1등!

명령엄마:    공부!

강요엄마:    성공!


고민이:      (혼란스럽다는 듯 고개를 흔들고 바닥에 주저앉으며) 그만!

해결사:      모두 Stop! 과연, 이 학생의 고민을 어떻게 해결해
             볼까요? 저는 이렇게 만들어보았습니다!


해결사가 Stop을 외치면 명령엄마, 강요엄마, 명심엄마, 경쟁엄마,
부담엄마는 무대 밖으로 퇴장한다.

| | |
|---|---|
| 해결사: | 그럼 학생이 하고 싶은 건 뭔데요? |
| 고민이: | 제가 아직 뭘 잘하는지 나중에 무엇이 되어야 하는지 모르겠네요. |
| 믿음이: | 야! 너 노래 잘 부르잖아. |
| 도움이: | 맞아. 너 음악 시간에 선생님께 칭찬받았잖아. |
| 고민이: | 노래 잘하는 사람들이 얼마나 많은데…… . |
| 응원이: | 해결사님, 무슨 방법 없을까요? |

해결사는 손을 턱에 괴고 고개를 저으며 무대 아래 오른쪽에서 무대 앞쪽으로 걸어간다.

| | |
|---|---|
| 해결사: | 음, 가만있어 보자. (두꺼운 책을 펼치며) 여기 있다! |

고민이, 도움이, 억울이, 믿음이, 응원이가 해결사에게 동시에 가까이 다가간다.

| | |
|---|---|
| 다 함께: | 뭔데요? |
| 해결사: | 엄마 학교를 만들자! |
| 다 함께: | 엄마 학원도 만들자! |
| 고민이: | 우리 엄마도 내일부터 학교 다닌다. 우와! 이런 방법이 있었구나. 해결사님, 감사합니다. |
| 억울이: | (손을 높이 들고) 저도요! 저도 해결해주세요. |
| 해결사: | 무슨 고민이 있나요? |
| 억울이: | 전, 사실 반에서 왕따를 당하고 있어요. |

해결사:　　　　이렇게 좋은 친구들이 많은데, 무슨 왕따?

억울이:　　　　여기 있는 친구들은 작년에 같은 반이었던 친구들이
　　　　　　　　고요. 지금은 반에 친구가 없……,

믿음이, 응원이: (동시에) 옆에서 보고 있는 저희가 너무 답답해서
　　　　　　　　해결사님께 데리고 왔어요.

해결사:　　　　이번 고민은 최대 난제로군!

억울이:　　　　(울먹이며) 해결할 수 없는……, 걸까요? 조언이라도
　　　　　　　　해주시면 조금이나마 도움이 될 것 같아요.

고민이, 도움이, 믿음이, 응원이: 해결할 수 없나요?

해결사:　　　　억울이에게는 과연 무슨 일이 일어났던 것일까요?

\*\*\*

제3장 생각의 차이

배경음악이 흐르면 안내자가 '생각의 차이'라는 피켓을 들고 무대 아래 왼쪽에 등장하고 관객들에게 보여준 후 무대 밖으로 퇴장한다. 사폭학생조가 각자 자신의 의자를 가지고 무대 중간(가운데)에 등장하여 원형으로 둘러앉고 억울이는 무대 앞에 관객석을 등지고 앉아있다. 억울이가 자신의 핸드폰(휴대폰, 스마트폰)의 버튼을 누르면 효과음 메시지 알림 소리가 난다. 무대 아래 왼쪽에서 관객을 향해 그룹 대화방들의 내용을 고민이, 도움이, 믿음이, 응원이가 양쪽에서 들고 보여준다. 무대 아래 오른쪽에는 해결사가 서서 지켜본다. 음악 소리가 작아지면 대사를 한다.

사폭주동자:　　야, 너 왕따 카톡 프사 사진 봤어? 완전 어이없어.

사폭추종자:　당근 봤지. 진짜 갑분이. 갑자기 분위기 이상하게 만

　　　　　드는 재주가 있다니까.

사폭동조자:　밴드에 글 남겼는데 무플인 거 봤어?

사폭공격자:　왕따가 괜히 왕따겠냐? 애들아, 그룹 채팅방에 초대

　　　　　해서 실컷 욕하고 다 같이 퇴장하자.

사폭방관자:　난 괴롭힘 당하는 억울이를 구경하는 게 제일 재미

　　　　　있더라.

사폭학생팀 동시에: 오, 나도 그래.


억울이는 메시지 내용을 확인하고 고개를 숙이며 바닥에 털썩 주
저앉는다. 이때, 삽입곡의 중간부분부터 흘러나오면 고민이, 도움이, 믿
음이, 응원이는 노래 가사에 맞춰 사폭학생팀을 응징하는 동작을 한다.
음악 소리가 작아지면 앉아있는 사톡학생팀 옆에 한 명씩 선다.


믿음이:　　(사폭주동사에게) 왕따를 주도하는 행위가 학교폭력이

　　　　　라는 사실을 모르는구나!

응원이:　　(사폭추종자에게) 갑분이라고? 우린 프사보고 갑자기

　　　　　분위기 이로움이라고 느껴졌어. 같은 것을 보더라도

　　　　　해석하는 방식이 각기 다르니까!

도움이:　　(사폭동조자에게) 밴드 가서 다시 확인해봐. 우리가 쓴

　　　　　댓글 4개나 있거든?

고민이:　　(사폭공격자에게) 역지사지라는 고사성어 알지? 네가

　　　　　별 생각 없이 작성한 글이 친구에게 마음의 상처로

　　　　　남아 흉터가 될 수 있다는 것을 입장 바꿔 생각해봐.

해결사:   (사폭방관자에게) 사이버 폭력도 학교폭력이라는 사
실 알고 있나요? 학교폭력을 지켜보고만 있는 건 양
심과 도덕의 문제라고 생각해요. 가해 학생보다 더
나쁜 학생이 방관자라는 사실을 꼭 기억하세요. 이
렇게 좋은 친구들이 많은데 힘내요.

고민이, 도움이, 믿음이, 응원이: 네 곁에 우리가 있잖아.

해결사:   솔루션엔젤의 치유 프로젝트 출발!


무대에 해결사, 억울이만 남아있고 고민이, 도움이, 믿음이, 응원이
는 무대 밖으로 퇴장한다.


***

제4장 치유 프로젝트

안내자가 '치유 프로젝트'라는 피켓을 들고 무대에 등장하고 관객
들에게 보여준 후 퇴장한다. 무대에 배경음악이 흐르면 솔루션엔젤일,
이, 삼, 사가 등장한다. 억울이를 중심으로 반원 대형으로 모인다. 음악
소리가 작아진다.


솔루션엔젤일, 이, 삼, 사: (동시에 큰 소리고 외치며) 학교 왕따!

솔루션엔젤일: 없어져라.

솔루션엔젤이: 뿌리 뽑자.

솔루션엔젤삼: 근절하자.

솔루션엔젤사: 사라져라.

솔루션엔젤일: 왕따는 오랫동안 학교의 골칫거리였다. 제발 없어져라.

솔루션엔젤이: 특정인을 소외시키고 반복적으로 인격을 무시하는 행위를 뿌리 뽑자.

솔루션엔젤삼: 모르는 척 바라보는 왕따 문제 반드시 근절하자.

솔루션엔젤사: 왕따를 주동, 추종, 동조, 공격, 방관하는 행위는 모두 사라져라.


솔루션 엔젤일, 이, 삼, 사의 대사가 모두 끝나면 삽입곡에 맞춰 억울이를 중심으로 시계 방향으로 3바퀴, 반대 방향으로 3바퀴 돌면서 꽃가루를 뿌린다. 이때 억울이는 행복한 표정과 손짓, 몸짓을 함께 표현한다. 솔루션엔젤조는 다시 반원 대형으로 돌아간다. 해결사가 무대 앞으로 나와 대사한다.


해결사:    여러분, 기쁨을 나누면 두 배가 되고 슬픔을 나누면 절반이 된다는 말이 있습니다. (해결사가 두 배와 절반을 말할 때 다른 등장인물들도 이 단어를 동시에 말한다.) 혼자서 힘들게 고민하지 말고 대화로 고민 타파해요. 해결사가 여러분들에게 주는 마지막 선물은? Let's talk!


무대에 등장인물 전원이 소품으로 만든 무대 천장으로 높이 올라갈 수 있는 풍선을 들고 등장한다. (사폭학생조가 동시에 큰 소리로 외친다.) "Talk! Talk! (학생조가 동시에 큰 소리로 외친다.) 고민을 말해봐! (솔루션엔젤조가 동시에 대사한다.) 너의 고민에 날개를 달아, (해결사가 큰 소리로 외친다.) 훨훨 날려 보내 줄게.”라고 크게 외치며 손에 쥐고 있는 풍선(혹은 비행기)을 던진다. 연극이 끝날 때까지 무대에 클로징(커튼콜) 음악을 흐르게 하거나 다 함께 노래를 부른다. 음악이 끝나면 막이 내린다.

# 보이는 라디오 마음 놀이터

황소연

황소연

## 등장인물

감독 / 라디오 DJ1 / 라디오 DJ2 / 게임러버 / 용기필요해

게임러버엄마(*오디션 결과에 따라 아빠도 가능) / 담임 선생님

광고 멘트 내레이션1 / 광고 멘트 내레이션2

질문학생조(왜그렇지, 궁금하지, 묻고싶지, 의아하지, 의문이지, 이건뭐지) / 안내자

## 작품해설

4차 산업혁명 시대가 도래하고 뉴 미디어가 급속하게 발달하면서 방송국에서는 라디오 DJ의 모습을 볼 수 있는 보이는 라디오를 송출하고 있다. 라디오가 지닌 장점을 간단히 살펴보면 진행자와 청취자의 일대일 소통이 용이하다는 것이다. 이 작품은 보이는 라디오라는 테마를 바탕으로 라디오에 직접 초등학생(혹은 중학생) 청취자가 출연하여 자신의 평소 고치고 싶은 습관을 진솔하게 털어놓는 시간을 가져본다. 라디오 DJ가 초등학생(혹은 중학생) 청취자에게 제안하는 문제 해결방안을 빈칸으로 두었고 학생들의 창의적인 생각과 의견을 직접 작성할 수 있도록 하였다. 이와 같은 글쓰기 연습을 통해 학생들이 공연을 만드는 과정의 기초적인 단계인 극본 작성하기를 직접 체험할 수 있고 나아가 창의적인 해결책을 고안할 수 있다.

***

제1장 Habit Solution 1

안내자가 'Habit Solution 1'이라는 피켓을 들고 무대 아래 왼쪽에 등장하고 관객들에게 보여준 후 무대 밖으로 퇴장한다. 무대는 중간(가운데)을 중심으로 무대 오른쪽에는 라디오 부스, 무대 왼쪽에는 교실로 나눈다. 라디오 부스에는 라디오 DJ1,2가 의자에 앉아있다. 라디오 DJ들은 라디오 대본을 들고 있고, 책상 위에는 마이크가 놓여있다. 감독이 무대 아래 오른쪽에 등장하면 연극이 시작한다.

| | |
|---|---|
| 감독: | 자, 보이는 라디오 시작합니다. DJ님들, 준비됐죠? 3,2,1, On Air! |

배경음악이 흐른다.

| | |
|---|---|
| 라디오 DJ1: | (마이크에 입을 가까이 대고) 여러분, 어서 오세요. 전국의 초등학생(혹은 중학생)을 위한 보이는 라디오 마음 놀이터의 문을 활짝 열었습니다. |
| 라디오 DJ2: | 소곤소곤, 너와 나 그리고 우리의 이야기를 들려주세요. 토닥토닥, 위로와 응원을 선물하겠습니다. |
| 라디오 DJ1: | 우리 속담에 '세 살 버릇 여든까지 간다.'라는 말이 있어요. 어린 시절에 몸과 마음에 밴 습관은 나이가 들어서도 고치기가 어렵다는 뜻이죠. |
| 라디오 DJ2: | 오늘은 청취자분들이 가진 고치기 힘든 습관에 대해 |

조언을 드리고 해결 방법을 함께 찾아보는 코너 '괜찮아, 이제부터 시작이야!'를 진행합니다. 청취자분의 개인정보보호를 위해 익명으로 자기소개를 할 예정이에요. 자, 그럼 첫 번째 청취자를 초대해볼까요?

감독:　청취자님 두 분이 라디오 부스로 이동하시고요. 라디오 DJ님들, 반갑게 맞아주세요.

음악 소리가 작아지고 감독은 무대 밖으로 퇴장하면 게임러버와 게임러버의 엄마가 함께 무대 중간(가운데)에 등장한다. 게임러버는 가방을 메고 있고 한 손으로는 손톱을 물어뜯고 있는 행동을 보인다.

라디오 DJ1:　안녕하세요. 이번 청취자님은 어머니와 함께 나와 주셨네요.

라디오 DJ2:　자기소개와 고치고 싶은 습관을 말씀해주세요.

게임러버:　(걱정스러운 눈빛으로) 안녕하세요. 전 ○○초(혹은 ○○중학교) ( )학년 게임러버입니다. DJ님이 소개한 익명처럼 스마트폰 게임을 너무 좋아해요. 학교 수업 시간에는 게임 생각 때문에 집중이 어렵고 집에서도 게임 삼매경에 빠져 학교 숙제도 못하고 있어요.

게임러버엄마:며칠 전에는 스마트폰의 앱을 내려받으려고 소액결제를 하다가 저에게 들통나서 엄청 혼이 났어요. 이번 일로 제가 화가나 스마트폰을 압수했어요.

게임러버:　게임을 하지 않으면 너무 불안해서 도저히 견딜 수가 없네요.

게임러버엄마: 무분별한 게임사용으로 인해 스마트폰을 압수하긴 했지만, 연락이 어려워 생활이 불편해요. 스마트폰을 올바르게 사용하는 대처방안을 알고 싶어 출연을 결정했어요.

게임러버: 네, 저도 나쁜 습관을 고치고 싶은데 해결할 방법이 있을까요?

라디오 DJ2: 4차 산업혁명 시대에 들어서면서 스마트폰이 나날이 발전을 하고 있어요. 스마트폰을 사용하면서 순기능과 역기능이 공존하죠.

라디오 DJ1: 저도 스마트폰으로 게임을 해본 적이 많은데요. 사용 시간을 조절하지 못하고 게임을 하는 바람에 제가 반드시 해야 할 일을 미처 하지 못했던 아쉬운 기억이 나네요.

라디오 DJ2: 스마트폰의 사용이 일상의 편리함을 안겨줬지만 불필요하게 사용했을 경우 그에 따른 부작용도 큽니다.

라디오 DJ1: 게임러버님께는 스마트폰을 적절히 사용하는 방법에 대해 알려드려야 할 것 같아요. 제가 생각한 방법은

_____

_____

게임러버: 네, 알려주신 해결 방법을 실천하도록 노력할게요. 소중한 의견을 주셔서 진심으로 감사드려요.

게임러버엄마: 감사합니다.


게임러버, 게임러버엄마는 라디오 DJ1,2에게 인사를 하고 무대 밖

으로 퇴장한다.

라디오 DJ1: 제시해드린 해결 방법에 따라 청취자님이 올바르게
실천했으면 좋겠어요.
라디오 DJ2: 네, 다음 청취자를 만나기 전에 잠시 광고 듣고 올게요.

\*\*\*

## 제2장 광고타임

안내자가 '광고타임'이라는 피켓을 들고 무대 아래 왼쪽에 등장하고 관객들에게 보여준 후 무대 밖으로 퇴장한다. 배경음악이 흐르면 광고 멘트 내레이션1,2가 무대에 리듬을 타면서 등장한다. 음악에 맞춰 자유롭게 춤을 추다가 소리가 점차 작아지면 무대 중간(가운데)에 나란히 선다.

광고 멘트 내레이션1: 초등학생(혹은 중학생)의 미래의 꿈을 선사하는 '내일은 내가 주인공! 직업체험전'이 오는 0월 0일부터 0월 0일까지 전국에 설치된 꿈 나래 테마파크에서 시작됩니다. 많은 아동, 청소년이 '훗날 어른이 되면 과연 난 무엇이 되어 있을까?'라는 설렘 가득한 상상 속에 빠지곤 합니다. 200여 개의 다양한 직업이 여러분 눈 앞에 펼쳐지는 가운데 현실감 넘치는 직업체험 프로그램을 통해 미래의 나의 모습을 미리 경험해보는 건 어떨까요?

광고 멘트 내레이션2: 전 세계 5,000만 아동, 청소년 관객에게 찬
사를 받은 뮤지컬 '사랑의 인사'를 은하수 공연장에서 *오픈런
으로 만나볼 수 있습니다. 웅장한 무대배경과 화려한 조명 아
래에서 선보이는 멋진 배우들의 춤, 노래, 연기의 삼박자가 고
루 갖춘 환상적인 공연이 펼쳐집니다. 감동과 행복을 안겨줄
이 공연에 여러분을 초대합니다. (*오픈런 – 마지막 공연의 날짜
를 정해 놓지 않고 계속 진행하는 공연방식)

광고 멘트가 끝나면 내레이션1,2는 무대 밖으로 퇴장한다. 2장 초
반에 흘러나온 배경음악에 맞춰 리듬을 타면서 퇴장한다.

***

제3장 두 번째 청취자

배경음악이 흐르면 안내자가 '두 번째 청취자'라는 피켓을 들고 무
대 아래 왼쪽에 등장하고 관객들에게 보여준 후 무대 밖으로 퇴장한다.
음악 소리가 점점 작아지면 감독은 무대 아래 오른쪽으로 등장한다.

감독: 광고 멘트 모두 끝났습니다. 두 번째 청취자님 라디
오 부스로 이동합니다. 라디오 DJ님, 진행을 다시 시
작해주세요.

용기필요해는 고개를 숙인 채 힘없는 발걸음으로 무대 중간(가운
데)에 등장한다.

라디오 DJ1:  여러분, 광고 멘트 잘 들으셨나요? 다음 청취자를 라디오 부스에 초대할게요.

라디오 DJ2:  청취자님 자기소개와 고민에 대해 이야기해주세요.

용기필요해:  (목소리가 작고 힘이 없다.) 안녕하세요. 전 ○○초(혹은 ○○중) (  )학년 용기필요해입니다. 사실 이 자리까지 나오고 싶지 않았는데 용기 내어 신청했어요. 저는 소심한 성격을 고치고 싶어요. 자신감이 없어 학교에서도 친구에게 인사도 못 하고 어울리지 못해 쉬는 시간에도 혼자 앉아있어요.

라디오 DJ1:  이 습관은 굉장히 심각한 문제이군요. 본인의 이야기를 좀 더 자세히 말해 줄래요?

용기필요해:  (울먹거리며) 네, 저는 1달 전에 전학을 왔고요. 내성적이고 수줍음이 많아 먼저 친구들에게 다가가지 못하는 성격이에요. 전학 온 지 하루 만에 이런 일도 생겼어요.


감독은 무대 밖으로 퇴장한다.


***


제4장 Habit Solution 2

안내자가 'Habit Solution 2'라는 피켓을 들고 무대 위 왼쪽에 등장하고 관객들에게 보여준 후 퇴장한다. 배경음악이 나오면 담임 선생님, 질문학생조가 무대에 의자를 들고 등장하면서 무대 왼쪽은 교실로 전환된다. 용기필요해와 담임 선생님은 무대 중간(가운데)과 앞쪽 사이에 나란히 서 있고 질문학생조는 소품으로 만든 자신의 역할명(혹은 물음표)이 적힌 머리띠를 착용하고 의자에 앉으면 음악 소리가 점차 작아진다.

담임 선생님: 오늘 우리 반으로 전학 온 용기필요해입니다. 지금부터 자기소개를 해볼까요?

용기필요해: (친구들의 눈을 쳐다보지 못하고 말을 더듬거리며)아안…… 녕…… 만나…… 서 반가…… 워.

담임 선생님: 여러분, 용기필요해에게 궁금한 것이 있으면 손들고 물어보는 시간을 가질게요.

왜그렇지: (밝게 웃으며) 반가워. 어디 학교에서 전학 온 거야?

용기필요해: 음, 난…… 사랑…… 시, 해행……복구, 소소…… 망…… 동에서……,

궁금하지: 왜 전학 왔는지 궁금해!

용기필요해: (말을 심하게 더듬거리며) 아…… 버지가, 회사…… 를, 이이……직…… 하시면서, 여여…… 기로……,

묻고싶지: 떨려서 말을 더듬는 거야? 아니면 원래 말을 더듬는 거야?

의아하지: 네 이름대로 말할 때마다 엄청난 용기가 필요할 것 같아.

의문이지: 혹시 너 지금 손 떨고 있는 거 알아?

이건뭐지: 얘들아, 다리도 떨고 있는 것 좀 봐. 후들후들.

담임 선생님: 많이 긴장한 것 같은데 차분하게 말해보세요.

용기필요해: (목소리가 점점 작아지며) 자잘…… 못…… 하겠…….

용기필요해가 이건뭐지의 질문에 대답을 다 하지 못한 채 입을 굳게 다물고 고개를 푹 숙이고 있다. 질문학생조는 고개를 갸우뚱한다.

담임 선생님, 질문학생조는 의자를 가지고 무대 밖으로 퇴장한다. 용기필요해는 무대 중간(가운데)에 선다.

용기필요해: (한숨을 쉬고 흐르는 땀을 닦으며) 그날은 제 인생에 있어 가장 악몽 같은 날이었어요. 어젯밤에도 그날 있었던 일을 꿈으로 꾼 거 있죠. 처음 보는 사람들 앞에서 떨려서 얼굴도 제대로 못 쳐다보고 말 더듬는 습관도 고치고 싶어요. (간절하게) 무슨 방법이 없을까요?

라디오 DJ1: 쉽지 않았을 텐데 라디오에 출연하여 자신의 이야기를 솔직하게 털어놓는 것만으로 충분히 용감하다고 생각해요. 우선, 제가 생각한 해결 방법은 휴대폰(핸드폰, 스마트폰) 녹음기를 활용해서 매일 내가 하는 말을 녹음하는 거예요. 처음에는 내 목소리에 어색하고 부끄럽겠지만 몇 차례 반복해서 듣다 보면 익숙해질걸요. 떨리는 마음도 조금씩 사라져서 유창하게 말할 수 있지 않을까요? 그럼 자신감이 생겨 친구들의 눈을 보고 먼저 인사도 건넬 수 있을 것 같아요.

라디오 DJ2: 저도 용기필요해님께 해결 방법을 제시할게요. 이런 방법은 어떨까요?

_____

_____

자, 제가 알려드린 방법에 대해 소감 한마디 부탁드
릴게요.

용기필요해: 이야기를 들어준 것만으로도 감사한데 해결 방법도
알려주신 덕분에 제 마음의 용기가 충전되었어요.

라디오 DJ1: 조금이나마 도움을 줄 수 있어 다행이에요.

라디오 DJ2: 아무쪼록 자신의 문제를 빠른 시일 내에 개선하여
활기찬 학교생활을 했으면 좋겠네요.

용기필요해: 감사합니다.


용기필요해는 고개 숙여 인사한 후 무대 밖으로 퇴장한다.


라디오 DJ1: 'Man is what he believes, 사람은 스스로 믿는 대로
된다.' 19세기 러시아의 소설가이자 극작가인 안톤
체호프가 한 명언이에요. 짧은 문장이지만 우리에게
값진 교훈을 주는 문장이죠. 우리는 무의식적으로
믿는 대로 말하고 행동하며 이는 곧 습관으로 자리
잡게 됩니다.

라디오 DJ2: 현재 내 믿음의 방향이 어디를 향하고 있는지 가만
히 살펴보세요. 믿음의 방향을 잃어 버렸다면 긍정
적인 마음가짐을 갖기 위한 노력에서부터 새 출발하
는 건 어떨까요?

라디오 DJ1: 동요 '소리는 새콤 글은 달콤' 들려드리며 '괜찮아,
이제부터 시작이야!' 코너 마무리할게요. 여러분들의
마음의 소리는 새콤하게 그리고 글은 달콤하게 써보

세요.

라디오 DJ2:     자, 이렇게요. 어제도 오늘도 내일도 쓰담쓰담. 항상
                 이곳 마음 놀이터에서 여러분들의 믿음을 따뜻하게
                 어루만져 줄게요.


감독이 무대 아래 오른쪽에 등장한다.


감독:           컷! 보이는 라디오 방송을 마칠게요. 라디오 DJ님들,
                 수고했어요.


감독의 대사가 끝나면 동요 '소리는 새콤 글은 달콤'이 흘러나온다.
라디오 DJ1,2는 음악의 리듬에 맞추어 박수를 치며 웃는다. 클로징(커튼
콜) 음악이 작아지면 막이 내린다.

# Welcome to Happy School

황소연

## 등장인물

이끔이 담임 선생님 / 나눔이 담임 선생님 / 최고야 연극선생님 / 학생1(전국이)

학생2(진자루) / 학생3(조아영) / 학생4(나도요) / 학생5(사라혜) / 학생6(배우리)

학생7(나정희) / 학생8(오지혜) / 학생9(강진실) / 학생10(하희망) / 학생11(정우정)

배우리 엄마 / 안내자

*학생들의 성별에 따라 역할명을 수정하는 것도 추천합니다(*단, 배우리 엄마 제외).

## 작품해설

학교에서 친구에게 무심코 당한 장난의 정도가 점차 심해지면서 강한 정신적 트라우마를 경험한다면 학교폭력의 피해를 의심해야 한다. 모욕, 강요, 강제적인 심부름 등의 정신적인 폭력에서부터 물리적인 폭력까지 해마다 학교폭력의 유형이 다양해지는 추세이고 피해대상의 연령층도 낮아지고 있는 것이 학교의 현주소이다. 우리가 다니고 싶은 행복한 학교를 만드는 일은 그리 어려운 일이 아니다. 자신보다 타인을 먼저 배려하고 존중하며 친구와 사이좋게 대화할 수 있는 분위기를 만드는 노력이 필요하다. 작품에서 등장하는 배우리는 과거 친구와 겪었던 불미스러운 일로 인해 자신의 낮은 자존감과 열등감의 표출대상으로 반 친구들을 괴롭히는 인물이다. 집안 사정으로 전학을 오게 되지만 친구들을 향한 폭력의 수위가 점차 높아지게 된다. 이 작품은 액자식 구성으로 되어있다. 공연의 과정을 체험하는 연극 수업에서 학교폭력을 주제로 극본을 작성하고 장면을 만들며 수업을 듣는 학생들은 결말 부분에서 학교폭력의 해결방안까지 모색하기에 이른다. 작품은 학교폭력에 대처하는 현명한 방법이 무엇인지에 대해 고찰한다.

***

제1장 연극 만들기

무대에 오프닝 음악이 흐르면 안내자가 '연극 만들기'라는 피켓을 들고 무대 아래 왼쪽에 등장하고 관객들에게 보여준 후 무대 밖으로 퇴장한다. 무대 위, 5명의 학생들이 등장한다. 무대 뒤에 미리 준비해 둔 의자를 기본 대형으로 배열하고 무대배경을 교실로 전환한다. 학생들이 모두 의자에 앉으면 음악 소리가 작아지고 담임 선생님이 무대 아래 오른쪽에 등장한다.

　　이끔이 담임 선생님: 앞으로 10차시 동안 연극 수업을 이끌어 주
　　　　　　　　　실 선생님을 소개할게요. 여러분, 힘찬 박수로 최고
　　　　　　　　　야 연극선생님을 맞이해주세요.

학생들 큰 박수를 치고 최고야 연극선생님이 무대 아래 왼쪽에 등장한다.

　　최고야 연극선생님: 안녕하세요. 만나서 반가워요. 여러분과 함께
　　　　　　　　　공연을 목표로 연극 수업을 진행할 예정이에요. 연극
　　　　　　　　　의 4요소를 살펴보면 극본, 배우, 관객, 무대가 있고
　　　　　　　　　요. 앞으로 함께 극본도 작성하고 조를 편성하여 역
　　　　　　　　　할을 분담할 거예요. 극본을 쓰려면 여러분의 일상
　　　　　　　　　이야기가 필요한데요. 우선 관객이 공감할 수 있는
　　　　　　　　　소재부터 찾아보는 게 중요할 것 같아요. 지금부터

각자 자기 생각을 자유롭게 말해볼까요?

학생1(연국이): 요즘에 아동, 청소년들 사이에서 벌어지는 폭력 사건들이 적지 않게 충격을 주고 있는데요. 학교폭력에 대한 제대로 된 예방이나 대안이 필요하다는 생각이 들어요.

학생2(진자루): 학교폭력에 대한 말이 나왔으니 말인데 가해자보다 더 큰 문제는 방관자인 것 같아요. 괴롭히는 학생을 그저 바라만 보고 적극적으로 나서서 도와주지 않는 학생들이 많아지고 있어요.

학생3(조아영): 자아정체성이 확립되는 10대에 학교폭력을 당한 피해자는 평생 씻기지 않는 트라우마를 안고 살아갈지도 모릅니다.

학생4(나도요): 가해자 학생을 어떻게 처벌해야 하는지에 대한 문제 해결방안과 피해 학생이 더 증가하지 않기 위한 해결책도 연극에서 제시되면 참 좋을 것 같아요.

학생5(사라혜): 소재와 줄거리만큼 중요한 게 제목인 것 같아요. 학교폭력이 사라지고 멈췄으면 하는 바람을 담아 캠페인의 문구처럼 제목을 정했으면 좋겠어요.

학생1(연국이): 서로 배려하고 행복한 학교생활을 기원하며 'Happy School'이라고 하는 건 어떨까요?

학생2(진자루): 다정하게 맞이하고 환영한다는 뜻을 더해 'Welcome to Happy School'이라고 정하면 어떨까요?

학생3(조아영): 좋아요.

학생4(나도요): 동의해요.

최고야 연극선생님: 여러분의 빛나고 창의적인 아이디어로 제목과 줄거리가 정해졌네요.

이끔이 담임 선생님: 첫 번째 시간인데 이렇게 열띤 토의가 이루어질지 몰랐어요.

최고야 연극선생님: 그럼 이번에는 등장인물을 설정해보는 시간을 가져볼까요? 극본에서 등장인물을 설정할 때 주인공, 방해자, 조력자의 세 명의 인물로 나눠 구성할 수 있어요. 자, 예를 들어 머릿속으로 정삼각형을 떠올려봅시다. 삼각형의 꼭짓점을 각각 주인공, 방해자, 조력자로 보고 세 꼭짓점에서 출발하는 중선을 쭉 그으면 가운데에 만나는 점이 있어요. 이 교점은 무게중심이 되어 이야기를 절정으로 이끌며 관객들은 카타르시스를 경험합니다.

학생5(사라혜): 아, 그럼 주인공을 학교폭력의 피해자라고 한다면?

학생1(연국이): 방해자는 가해자!

학생2(진자루): 조력자는 도와주는 사람이 되겠네요.

학생3(조아영): 방해자가 학교폭력을 방관하는 친구도 될 것 같아요.

학생4(나도요): 조력자는 부모님이나 선생님으로 설정해 학교폭력 근절을 위한 해결 방법을 안내하는 역할을 하면 좋을 것 같고요.

이끔이 담임 선생님: 그럼, 지금부터 여러분들이 직접 극본을 창작해보면 어떨까요?

학생5(사라혜): 먼저 저는 첫 번째 장면을 이렇게 만들어보고 싶어요.

학생들과 이끔이 담임 선생님, 최고야 연극선생님은 무대 밖으로 퇴장한다.

***

제2장 첫인상

배경음악이 흐르면 안내자가 '첫인상'이라는 피켓을 들고 무대 아래 왼쪽에 등장하고 관객들에게 보여준 후 무대 밖으로 퇴장한다. 무대에 학생7(나정희), 학생8(오지혜), 학생9(강진실)가 등장하고 제1장에서 마련된 의자에 앉는다. 남은 의자 1개는 무대 뒤에 둔다. 무대 밖에서 나눔이 담임 선생님이 학생6(배우리)을 데리고 등장하여 무대 앞에 선다. 점점 음악 소리가 작아진다.

나눔이 담임 선생님: 안녕하세요. 여러분, 오늘 전학생이 왔습니다.
　　　　　　　　　자기소개 부탁해요.
학생6(배우리): (손을 흔들며) 안녕, 애들아. 내 이름은 배우리야. 앞
　　　　　　으로 친하게 지내자.
나눔이 담임 선생님: (학생 〈나정희〉가 옆의 빈자리를 가리키며) 저기
　　　　　　　　　학생7(나정희) 옆에 앉으면 돼요. (학생들을 보며) 앞으
　　　　　　　　　로 새로운 친구가 우리 반에서 잘 적응할 수 있도록
　　　　　　　　　여러분의 많은 도움이 필요해요.
학생들: (동시에) 네
나눔이 담임 선생님: 우리는 학교 생활하면서 잘 모르는 게 있으면
　　　　　　　　　친구들에게 물어보고 슬기롭게 지내길 바랄게요.

효과음 종소리가 흘러나온다.


나눔이 담임 선생님: 자, 2교시 수업은 여기까지 할게요.

나눔이 담임 선생님은 무대 밖으로 퇴장한다.

학생7(나정희): 유후, 쉬는 시간이다!

학생6(배우리): (의자에서 일어나면서 오지혜를 바라보며) 야, 너, 나랑
　　　　　　 자리 바꿔!

학생8(오지혜): (두 눈을 동그랗게 뜨고 놀라며) 왜? 선생님께서 정해
　　　　　　 주셨잖아.

학생7(나정희): 그래, 맞아. 선생님께서 내 옆에 앉으라고 하셨어.

학생6(배우리): 내가 마음에 안 들어서 그래. 난 내 마음에 안 드
　　　　　　 는 건 절대 못 참거든. 빨리 자리 바꿔!

학생9(강진실): 선생님 허락 없이 자리 함부로 바꾸면 혼날 수 있
　　　　　　 어. 먼저 선생님께 자리를 바꿔야 하는 이유를 자세
　　　　　　 히 설명하는 게 좋을 것 같아.

학생6(배우리): (버럭 화를 내며) 내가 왜 이유를 말해야 해? (학생8
　　　　　　 〈오지혜〉가 앉아있는 의자를 발로 걸어찬다.) 너, 나랑 자
　　　　　　 리 빨리 안 바꿔?


학생8(오지혜)은 바닥으로 넘어진다. 무대에 학생1(연국이), 학생2
(진자루)가 등장한다.


학생1(연국이): 잠시 멈춰주세요! (서 있는 배우리를 가리키며) 바로
　　　　　　 이 학생이 가해자의 역할을 하게 됩니다.

학생1(연국이)의 대사가 끝나면 학생6(배우리), 학생7(나정희), 학생8(오지혜), 학생9(강진실)는 하던 행동을 잠시 멈춘다.

이끔이 담임 선생님: 지금부터는 최고야 선생님께서 말씀하신 주요 인물들 간의 갈등이 고조되는 상황이 펼쳐지게 됩니다.

학생2(진자루): 이 장면부터는 제가 극본을 쓰고 싶어요. 가해자 학생이 학교에서 어떤 일로 피해를 주는지에 대한 장면을 만들면 어떨까? 해요. 잠시 가해자 학생을 지켜볼까요?

학생6(배우리)만 남아있고 학생1(연국이), 학생2(진자루), 학생7(나정희), 학생8(오지혜), 학생9(강진실)는 무대 밖으로 퇴장한다.

\*\*\*

## 제3장 학폭의 시작

배경음악이 흐르면 안내자가 '학폭의 시작'이라는 피켓을 들고 무대 아래 왼쪽에 등장하고 관객들에게 보여준 후 무대 밖으로 퇴장한다. 무대 중간(가운데)에 학생6(배우리)은 서 있고 학생10(하희망), 학생11(정우정)은 등장해 양옆에서 가방을 메고 있다. 음악 소리가 점점 작아진다.

학생6(배우리): 야, 너 돈 좀 있냐?
학생10(하희망): (대답을 하지 않는다.)

학생6(배우리): (다그치며) 내 말 안 들려?

학생10(하희망): 너랑 별로 말하고 싶지 않아.

학생6(배우리): (희망이에게 더 가까이 다가가) 뺏기 전에 조용히 돈 내놔라.


학생6(배우리)의 말을 무시하고 학생10(하희망)은 무대 밖으로 퇴장하려고 한다. 갑자기 학생6(배우리)은 걸어가는 학생10(하희망)의 가방을 잡아당긴다. 학생10(하희망)은 힘없이 넘어진다. 학생6(배우리)은 가방을 발로 밟는다. 학생11(정우정)은 우두커니 서서 둘의 모습을 바라보고 있다.


학생10(하희망): (일어나며) 네가 한 행동은 후회하게 될 거야. 선생님께 다 말씀드릴 거니까 각오해!

학생6(배우리): (비웃으며) 말하든지 말든지, 말한다고 내가 눈 하나 깜짝할 거 같아?


학생6(배우리)의 대사가 끝나면 무대 앞에 학생3(조아영)이 등장한다.


학생3(조아영): 잠깐만요. 지금 학생10(하희망)이 학생6(배우리)에게 피해를 당하고 있는데 학생11(정우정)은 도와주지 않고 바라만 보고 있네요. 학생11(정우정)은 학생6(배우리)이 자신에게도 폭력을 행사할지 모른다는 생각에 외면하고 있었던 것 같아요. 참으로 안타까운 모습이네요. 지금부터는 나눔이 담임 선생님과 학생6(배우리) 어머니가 학교에서 상담하는 역할극을 실연했으면 좋겠어요.

학생3(조아영), 학생6(배우리), 학생10(하희망), 학생11(정우정)은 무대 밖으로 퇴장한다.

*** 

### 제4장 소중한 기회

배경음악이 흐르면 안내자가 '소중한 기회'라는 피켓을 들고 무대 아래 왼쪽에 등장하고 관객들에게 보여준 후 무대 밖으로 퇴장한다. 학생6(배우리) 엄마, 나눔이 담임 선생님이 무대 중간(가운데)에 등장한다. 학생6(배우리) 엄마는 초조하고 불안한 눈빛으로 긴장한 모습이 보인다. 나눔이 담임 선생님과 학생6(배우리) 엄마는 서로 마주 보고 인사를 한다. 음악 소리가 작아지면 대사를 한다.

학생6(배우리) 엄마: 선생님, 안녕하세요. 제가 배우리 엄마예요.
나눔이 담임 선생님: 네, 어머니. 안녕하세요. 전 우리 담임이에요.
　　　　　우리의 쾌활하고 명랑한 성격은 장점이라 칭찬하고
　　　　　싶어요. 그런데 전학 온 날 우리가 반 친구들을 갑자
　　　　　기 괴롭히고 폭력을 행사했어요. 심지어 처음 만난
　　　　　친구의 돈까지 빼앗으려 했거든요. 제가 몇 차례 주
　　　　　의를 시켰는데 반성하거나 고치려는 자세가 보이질

않네요. 저도 고민을 많이 했는데요. 아무래도 어머니께는 사실대로 말씀드리는 것이 좋겠다는 생각이 들어 이렇게 면담을 제안하게 되었어요.

학생6(배우리) 엄마: 이런 불미스러운 일로 선생님께 걱정을 끼쳐서 죄송해요. 우리가 반 친구들의 마음을 불편하게 했다면 당연히 혼나야 하고 친구들에게도 사과하도록 바로 타이를게요. 사실, 우리 7살 때 아버지가 돌아가시고 제가 일을 하느라 우리가 할머니 손에 자랐어요. 할머니께서 몸이 편찮으시기도 하고 저도 바빠 우리의 학교생활에 관심을 두지 못한 것 같네요. 지금부터 잘못된 말과 행동을 고쳐 우리가 친구들과 좋은 관계를 유지하도록 지도할게요. 또 제가 선생님을 도울 일이 있다면 뭐든 할게요.

나눔이 담임 선생님: 어머니께서 우리가 학교생활에 적응할 수 있도록 적극적으로 협조해 주셔서 감사드려요. 우선 교우관계를 개선하는 방안으로 내일 학급 회의를 열 예정이고요. 우리에게 발언권을 줄 텐데 어머니께서 전학 와서 우리가 친구들에게 한 행동에 대한 이유와 심경을 솔직하게 말하도록 도와주세요.

학생6(배우리) 엄마: 네, 선생님. 알겠습니다. 우리로 인해 상처받은 친구들에게 진심으로 사과해야지요. 우리가 저지른 잘못을 스스로 반성할 수 있는 소중한 기회를 주셔서 감사드려요.

나눔이 담임 선생님: 네, 어머니. 감사합니다. 우리와 친구들의 관

계가 원만해지길 바랍니다. 조심히 귀가하세요.

나눔이 담임 선생님과 학생6(배우리) 엄마는 인사를 한 후 무대 밖으로 퇴장한다.

***

제5장 Weclome to Happy School

무대 중간(가운데)에 이끔이 담임 선생님, 학생4(나도요), 학생5(사라혜)가 등장한다.

학생4(나도요): 지금부터 우리네 반에서는 학폭 예방을 위한 긴급 회의가 열립니다.
학생5(사라혜): 우리와 반 친구들 사이에 어떤 대화가 오고 갈지 궁금해지네요.
이끔이 담임 선생님: 과연, 이 연극의 결말은 어떻게 될까요?

이끔이 담임 선생님, 학생4(나도요), 학생5(사라혜)는 무대 밖으로 퇴장한다. 배경음악이 흐르면 무대에 나눔이 담임 선생님, 학생6(배우리), 학생7(나정희), 학생8(오지혜), 학생9(강진실), 학생10(하희망), 학생11(정우정)이 등장한다. 이미 준비된 의자에 앉는다. 교실에서 학생6(배우리)의 행동에 대해 의견을 주고받는 열띤 토의가 시작된다. 나눔이 담임 선생님은 무대 아래 오른쪽에 서고 음악 소리가 작아지면 배우리는 의자에 앉아있는 학생들 사이의 무대 가운데에서 서서 대사한다.

나눔이 담임 선생님: 1주일 전 쉬는 시간, 하교시간에 있었던 일들은 모두 알고 있지요? 우리와 반 친구들의 관계를 개선하기 위해 앞으로 이런 일이 발생하지 않도록 대안을 세우는 것이 좋겠어요. 여러분의 의견을 말해주세요.

학생10(하희망): 우리가 저에게 한 위협적인 언행과 행동이 도무지 이해되지 않아요. 저는 합당한 처벌을 받아야 한다고 생각해요.

학생8(오지혜): 또 전학 오자마자 친구들을 향해 이유 없이 화내고 폭력을 행사한 것도 충격이었어요. 다시는 피해자가 나오지 않게 학교폭력 징계처분도 이루어졌으면 합니다.

학생7(나정희): 저는 반대해요. 우리가 왜 이런 행동을 했는지 그 이유부터 알고 싶어요.

학생9(강진실): 이렇게 긴급회의를 할 정도로 일이 커질 줄은 몰랐어요. 우리에게 그럴 만한 사정이 있지 않을까요?

학생11(정우정): 맞아요. 우리가 직접 이유를 말할 때까지 기다리는 것이 좋겠어요.

나눔이 담임 선생님: 우리의 솔직한 심경을 말해주었으면 좋겠구나!

학생6(배우리): 사실 저는 초등학교 4학년 때 가장 친한 친구에게 따돌림을 당한 적이 있어요. 어릴 때 아버지가 돌아가셔서 가정 형편이 좋지 않아 늘 자존감이 낮았는데 그 친구와 놀 때면 천하무적이 되곤 했지요. 저의 속

마음, 비밀까지도 그 친구에게 털어놨지만 여기저기 나쁜 소문을 내고 다녔어요. 전 배신감을 느꼈고 세상에 믿을 만한 친구가 없다는 비뚤어진 생각에 무차별적으로 친구들에게 공격했어요.

학생7(나정희): 우리의 말을 다 듣고 보니 결국 우리도 학교폭력의 피해자라는 생각이 드네요. 앞으로 우리들이 우리에게 한 발짝 다가가면 우리 역시 마음의 문을 열고 다가올 거라 믿어요.

학생10(하희망): 제가 이유 없이 맞은 것에 놀라 모욕감을 느껴 엄한 벌을 줘야 한다고 말했지만, 이번 회의로 우리의 입장에 서서 이해하게 된 소중한 시간이었어요.

학생9(강진실): 이번 일로 타인을 존중하고 상대방의 입장을 헤아리는 우리가 되길 바라요.

학생8(오지혜): 그리고 학교폭력의 피해 학생을 발견하면 방관자가 아닌 방어자의 역할을 수행해야 할 것입니다.

학생11(정우정): 저는 부끄럽지만 그동안 학폭을 지켜만 봤는데 앞으로는 방관하지 않겠다고 결심했어요. 우리에게 등대 같은 친구가 되어 주고 싶어요.

나눔이 담임 선생님: 우리가 학교생활에 잘 적응할 수 있도록 여러분의 관심과 지지가 절실히 필요해요. 우리도 그동안 있었던 일들을 계기로 자신의 한 행동에 대해 반성했으면 좋겠어요.

학생6(배우리): (손을 살며시 들며) 저기, 반 친구들에게 사과하고 싶어요. (무대 앞으로 다가가며) 전학 오자마자 이런 일이 생겨 미안해. 너희들 덕분에 용서하면 더 큰 행복이 찾아온다는 것을 깨달았어. 새롭게 변화한 배우리를 보여줄게.

무대에 최고야 연극선생님, 이끔이 담임 선생님이 등장하여 각각 무대 아래 왼쪽, 오른쪽에 선다.

이끔이 담임 선생님: (손뼉 치고 양손으로 엄지척을 하며) 여러분, 정말 훌륭하네요! 최고야 선생님께서 첫 번째 수업시간에 설명하신 방해자는 결국 배우리 학생이 경험한 학교폭력이네요. 여러분들이 우리와 함께 행복한 학교를 만들겠다는 굳은 의지와 믿음이 감동적인 연극 한 편을 완성했어요.

최고야 연극선생님: 연극처럼 학교생활에서 학교폭력의 피해자가 되었을 때 반드시 선생님, 부모님께 말씀드리고 해결책을 적극적으로 마련해 절대 피해자도 가해자도 발생하지 않도록 미리 예방하는 것이 필요하답니다. 학교폭력 현장을 목격하면 지나치지 말고 여러분의 적극적인 관심과 따뜻한 손길을 건네주세요. 지금부터는 연극이 끝나면 관객과 배우가 하나가 되는 커튼콜 시간을 진행할 텐데요. 모두 무대로 나와 주세요! 연극의 묘미 커튼콜로 다 함께 무대를 장식해 볼까요?

클로징(커튼콜) 음악이 나오면 등장인물 전원이 총 16명이므로 기호가 작성된 단어 카드(♡Welcome to 해피스쿨!♡)를 1장씩 각각 들고 혹은 제작된 현수막을 들고 무대 앞에 가로 대형을 만든다. 큰 소리로 말할 수 있도록 음악 소리를 조절한다.

다 함께: Welcome to Happy School(웰컴 투 해피스쿨).

단어 카드나 현수막이 없다면 LED 하트 응원봉으로 마지막 무대를 장식해도 된다. 음악이 점점 작아지면 막이 내린다.

# 뇌 안의 예술

황소연

## 등장인물

나노력(신경과 남의사) / 전열정(신경과 여의사) / 한미모(여자 유튜버)

한미남(남자 유튜버) / 남달리(예술평론가1) / 이감각(예술평론가2)

마리오네트 남자인형 조종자 / 마리오네트 여자인형 조종자 / 안내자

학생 1조(심쿵심쿵 / 하트비트 / 유 to the 학생 / 뇌스타일 / 아름다운 날개 / 꿈꾸는 구름)

학생 2조(상상이상 / 나는데카 고로르트 / 뇌뇌선생님 / 좋아해반고흐 / 사랑해반고흐 / 신세계)

## 작품해설

약 500만 년 전 영장류로부터 갈라져 나온 우리 인간은 다른 어떤 동물보다 진화된 뇌를 가지고 있다. 뇌는 인간의 모든 것이라고 할 수 있다. 고작 1.2kg에서 1.5kg밖에 되지 않는 작은 뇌이지만 상상을 초월하는 기능을 발휘해 우리의 삶을 더 흥미롭게 만들어 준다. 우리는 신기하고 즐거운 감정을 느낄 때 "예술이다!"라는 말을 순간적으로 내뱉는다. 도대체 우리가 말한 예술은 어디서부터 비롯된 것일까? 이 작품은 뇌와 예술의 운명적인 만남에 대한 핵심 메시지를 관객들에게 전달한다. 유튜브에 신경과 남녀의사가 등장하여 왜, 뇌 안에 예술인가를 강의 주제로 삼아 새로운 시각에서 뇌와 예술을 바라보고 시청자들과 함께 적극적으로 소통한다. 자, 우리가 세상 속에서 만난 예술들을 뇌 안에 담아 다 함께 신나는 무대를 펼쳐보자.

## 제1장 뇌 안의 예술

무대에 오프닝 음악이 흘러나오면 학생 1조는 30cm 정도 길이와 굵은 빨간색 줄의 소품을 들고 등장하여 줄과 줄을 이어가며 마치 신경 조직을 연상하는 대형을 무대 중간(가운데)에서 만든다. 한미모와 한미남은 사람의 뇌가 그려진 큰 일러스트를 들고 등장하고 무대 앞에 선다. 신경과 남녀의사는 의사 가운을 입고 무대에 등장하여 무대 앞 한미모와 한미남 양옆에 서서 각각 '뇌 안의', '예술' 이 작성된 단어 카드를 뇌 일러스트에 부착한다. 학생 1조들, 한미모, 한미남이 만든 대형은 자연스럽게 흩어지고 학생 1조들은 무대에 거리를 두고 바닥에 앉아 주머니에서 스마트폰을 꺼낸다. 학생 1조들은 각자 유튜브 닉네임이 작성된 LED 머리띠를 착용하고 있다. 음악 소리가 점점 작아지면 무대 중간(가운데)에 신경과 남녀의사, 한미모, 한미남이 반원의 대형으로 서 있다.

***

## 제2장 신기한 뇌

무대에 배경음악이 흘러나오면 안내자는 무대 아래 왼쪽에 등장하여 유튜브의 썸(섬)네일을 연상하는 피켓을 관객들을 향해 보여준다. 썸(섬)네일에는 유튜브 타이틀, 1부, 2부라고 쓴 단어와 뇌와 관련한 재미있는 이미지들이 그려져 있다. 피켓을 보여주고 난 후 무대 앞쪽 바닥에 내려놓는다. 음악이 점점 작아지면 무대 밖으로 퇴장한다.

한미모, 한미남: (동시에 두 손을 흔들며) 안녕, 헬로, 봉쥬, 니하오, 곤니치와!

한미모:  여러분께 유익한 지식과 정보를 제공하는 베스트, 스마트, 퍼펙트의 한미모!

한미남:  트트트의 한미남이고요. 오늘의 라이브 방송을 위해 특별한 손님을 초대했어요.

한미모:  이 시대 최고의 신경과 명의! 나노력, 전열정 박사님을 모셨어요.

한미남:  (박수를 치며) 어서 오세요.

한미모:  (고개 숙여 인사하며) 환영해요.

나노력:  (한미모, 한미남에게 주먹 악수를 하며) 네, 반가워요.

전열정:  (손을 흔들며) 초대해주셔서 감사해요.

한미남:  (손을 가슴에 대고) 전 두 분 뵐 생각에 설레어 가슴이 마구 뛰었어요.

한미모:  미남님, 진정하시고요. 박사님들, 자기소개 부탁드려요.

나노력:  여러분, 안녕하세요. 브레인아트 병원의 나노력 신경과 의사예요.

전열정:  전열정 신경과 의사예요.

한미모:  우와, 현재 트트트의 생방송 시청자는 5,000명이 넘었고요.

한미남:  공지는 미리 드렸지만 이렇게 뜨거운 관심을 보내주실 줄은 몰랐어요. 진심으로 감사드립니다.

한미모:  네, 정말 감사드립니다. 그럼 오늘 강의를 시작해볼까요? Let's go brain.

한미남: 강의는 1부와 2부로 나누어 진행합니다. 1부는 저희가 이어서 2부는 예술평론가이신 남달리, 이감각 님께서 진행할 예정이에요.

한미모: 우선 1부 강의주제는 신기한 뇌입니다.

한미남: 많은 분이 뇌와 예술이 어떤 관계가 있는가에 대해 댓글을 남겨 주셨어요.

나노력: 네, 왜 뇌이고, 왜 예술인지, 이 둘은 도대체 어떤 관계가 있는지에 대해 궁금할 거예요. 여러분들께 한 가지 질문을 던지며 1부 강의를 시작할게요. 혹시 인체에서 가장 중요한 장기가 어디라고 생각하나요?

심쿵심쿵: (스마트폰으로 타자를 치며) 두말할 것 없이 심장.

하트비트: (스마트폰으로 타자를 치며) 당근 하트(Heart).

한미모: 심쿵심쿵, 하트비트님을 비롯해 대다수 분께서 심장으로 댓글을 달아 주셨어요.

한미남: 과연 정답은 뭘까요? 전열정 박사님, 빨리 말씀해주세요.

전열정: (긴장감이 느껴지는 효과음이 흘러나오고) 정답은 바로, (잠시) 뇌입니다. 보충 설명을 위해 뇌의 기능과 특징을 알려줄게요. 뇌는 크게 우뇌, 좌뇌로 나눌 수 있어요. 나이별로 차이가 있겠지만 뇌의 무게는 대략 1.2kg에서 1.5kg 정도이고 천억 개의 신경세포로 구성되어 있고요. 또 색도 투명하고 냄새도 없는 뇌척수액이라는 물 위에 둥둥 떠있답니다. 뇌 안에는 신경세포가 140억 개가 있답니다. 어마어마하죠? 여러

분들이 점차 성장하면서 뇌세포의 가지 수는 거미줄처럼 늘어남과 동시에 굵기도 두꺼워져요. 뇌가 없다면 불행하지만 우린 보는 것, 듣는 것, 말하는 것, 만지는 것, 걷기, 생각하기, 느끼기, 심지어 먹기, 잠자기, 숨쉬기조차 할 수 없답니다. 이쯤 되면 뇌가 인체에 얼마나 중요한 장기인지 이해가 되나요?

나노력:  그러니까 뇌는 인간의 모든 것이라고 할 수 있죠. 심장은 산소와 영양분을 가지고 온몸에 혈액을 흐르게 하는 장기예요. 물론 심장도 중요한 기관이죠. 하지만 부지런히 펌프 역할을 하고 있는 한 덩어리의 근육이라면 질문의 답이 달라질 수 있어요. 1분 동안 심장이 뛰는 횟수를 지시하는 것은 바로 뇌의 맨 아래에 붙어있는 뇌간이에요. 뇌와 척수를 이어주는 역할을 한다고 해서 뇌줄기라고도 부르죠.

전열정:  (무대 앞 바닥에 있는 피켓을 든다. 손가락 지시봉으로 유튜브 썸<섬>네일 속 뇌의 이미지를 가리키며) 여러분, 두 눈을 크게 뜨고 여기 있는 뇌를 봐주세요. 사람 뇌는 크게 뇌간, 변연계, 신피질 3개의 층으로 이루어져 있어요. 뇌간은 뇌의 1층이자 가장 아랫부분으로 인간의 원초적인 생존 욕구를 담당해요.

한미남:  결국 박사님들 말씀을 정리하면 결국 뇌간은 인간의 생명과 깊은 연관성이 있고 뇌가 건강해야 심장도 건강하겠어요. 잠깐만요. 제가 강의 시작 전에 설렘으로 가슴이 뛰었다고 말씀드렸는데 제 심장이 뇌간

의 명령으로 움직였다는 사실이 매우 흥미로워요.

나노력: 예를 들어 여러분이 오케스트라 연주회를 관람한다고 생각해보세요. 지휘자는 연주자들이 환상적인 하모니로 음악을 창조할 수 있도록 통솔하는 역할을 하죠. 뇌간이 지휘자라고 하면 지휘를 훌륭하게 이끌어 심장에 해당하는 연주자들이 정확한 박자와 리듬으로 연주회장을 생동감 넘치는 선율로 가득하게 되는 거예요.

한미모: 뇌간과 심장의 관계를 음악으로 비유하시니 희열이 느껴지네요.

나노력: 방금 미모님이 느낀 희열과 미남님께서 느낀 설렘의 감정은 뇌의 변연계라는 부위에서 형성되는데요. 변연계는 뇌간에서 한 계단 올라 뇌의 2층에 자리 잡고 있죠. 또 미남님께서 뇌간이 인간의 생명과 연관이 있다고 언급하셨는데 변연계는 인간의 본능 나아가 감정과 깊은 연관성이 있어요.

전열정: 다시 말해 뇌간이 생명의 뇌라면,

나노력: 변연계는 감정의 뇌이죠.

유 to the 학생: (스마트폰으로 타자를 치며) Oh Yeah! I'm 유학생. 강의 is 공감. Like and Subscribe, Gguk!(꾹!) Gguk!(꾹!)

뇌스타일: (스마트폰으로 타자를 치며) 평소 뇌과학은 어렵다고 생각했어요. 하지만 강의를 들을수록 흥미를 느껴요.

나노력: 유 to the 학생님과 뇌스타일님 모두 좋은 의견 주셨

어요. 두 분의 의견에 대해 변연계는 희로애락의 감
정을 조절할 뿐만 아니라 기억을 형성하고 저장하는
공간이라고 답변드리고 싶어요. 이번에는 전열정 박
사님의 변연계에 대한 설명에 귀 기울여주세요.

전열정:     네, 지금부터 변연계를 자세히 살펴봄으로써 두 분
의 의견에 뒷받침하겠어요. (손가락 지시봉으로 유튜브
썸<섬>네일 속 변연계를 가리키며) 변연계는 크게 편
도체와 해마의 영역으로 분류할 수 있어요. 혹시 해
마하면 떠오르는 것이 있나요?

한미모:     바다의 말이요.

한미남:     전박사님, 변연계의 해마를 보고 있으니까 우리가
흔히 해양생물로 알고 있는 해마의 모양과 비슷하네요.

전열정:     딩동댕동. (나노력이 생각하는 사람의 이미지를 들고) 로
댕의 대표적인 조각상인 생각하는 사람을 떠올려보
세요. 해마는 물음표의 형상과도 매우 닮아있어요.
해마가 끝나는 부위 바로 옆쪽에 있는 편도체는 어
떻게 보이나요? 그렇다면 한 가지만 더 질문할게요.
혹시 럭비공 모양과 비슷한 견과류와 솜털이 있는
과일의 씨하면 떠오르는 것이 있나요?

아름다운 날개: 박사님, 힌트 알려주세요.

꿈꾸는 구름: 초성으로 내주세요.

한미남:     정답을 맞히시는 두 분께는 전열정, 나노력 박사님
께서 공동 집필한 책 '뇌로 읽는 예술'을 선물로 드릴
게요.

전열정:        자, 그럼 초성 퀴즈입니다. ㅇㅁㄷ과 ㅂㅅㅇㅆ.

아름다운 날개: (스마트폰으로 타자를 치며) 아몬드.

꿈꾸는 구름: (스마트폰으로 타자를 치며) 복숭아씨.

전열정:        (효과음 축하합니다가 흘러나오며) 아름다운 날개님, 꿈
              꾸는 구름님, 정답이에요.

한미모, 한미남, 나노력: (동시에 박수치고 엄치척하며) 두 분 최고예
              요. 축하합니다.

전열정: 편도체에서 편도는 라틴어 알몬드(Almond)에서 유래되었
              어요. 이렇게 말하는 이유는 아래는 둥글고 위로 갈
              수록 얇아지는 아몬드 모양과 유사하기 때문인데요.
              가만히 보면 복숭아씨처럼 생기기도 했지요.

한미모:        박사님, 개인적인 의견입니다만 해마와 편도체를 보
              면 가깝게 자리 잡고 있어요.

나노력:        네, 맞아요. 해마와 편도체처럼 서로가 가깝게 마주
              하며 호흡을 주고받는 예술 장르가 있어요. 지금부
              터 전열정 박사님의 재미있는 설명에 집중하세요.

전열정:        우선 해마는 시공간에서 직접 경험한 사건을 기억하
              는 역할을 해요. 사건 기억이 반복되고 강렬할수록
              절차 기억으로 변화되면서 그 기억을 오랫동안 유지
              하게 되지요. 장기 기억 중 우리 행동에 거의 습관처
              럼 저장된 기억을 절차 기억이라고 해요. 예를 들어
              자전거를 배운다면 처음에는 페달 밟는 법, 핸들 돌
              리는 법 등을 따로따로 배우지만 여러 번 배우고 반
              복하면 마치 익숙한 습관처럼 손발을 자유자재로 쓰

면서 자전거를 탈 줄 알게 되는 거죠.

나노력: 자, 우리가 매일 밥을 먹을 때를 생각해봐요. 숟가락, 젓가락을 자연스럽게 사용하는 것도 마찬가지예요. 이런 절차 기억은 거의 무의식적으로 사용되기 때문에 우리는 숟가락, 젓가락으로 밥을 먹으면서 다른 생각을 하고 대화를 할 수도 있죠.

전열정: 이제 편도체의 이야기로 다시 돌아갈게요. 우리가 느낀 기억과 감각에 감정이라는 색을 입히는 부위예요. 해마와 편도체는 연극이나 뮤지컬에 등장하는 배우와 관람하는 관객의 관계로 비유할 수 있어요. 관객들이 무대 위에서 배우들의 연기를 보고 공감하며 카타르시스를 느껴요. 다시 말해 해마와 편도체는 긴밀한 상호관계를 유지하며 소리와 이미지의 기억정보를 분석해 감정으로 만들어내는 역할을 하죠.

나노력: 자, 정리하면 유 to the 학생님께서 이 강의를 눈으로 보고 귀로 들으며 학습 내용에 대해 공감을 표현하는 동작으로 '좋아요'와 '구독'을 누르셨잖아요. 쉽게 말해 배운 내용을 해마를 사용하면 편도체가 이 내용이 마음에 들면 손뼉을 치며 운동신경에 명령해서 '좋아요'를 누르도록 한 것이지요. 뇌스타일님은 처음엔 어려웠지만, 시간이 흐르며 강의 소감을 흥미로움으로 표현했어요. 결국, 님의 변연계가 활발히 작용하고 있음을 여과 없이 증명한 셈이죠.

한미모: 박사님들의 강의를 듣고 시청자분들께서 작은 이벤

트를 준비하셨다는데요.

한미남:　　　어떤 이벤트인지 정말 기대되네요. 3, 2, 1! 보여주
　　　　　　세요.


심쿵심쿵부터 꿈꾸는 구름까지 순서대로 자신이 작성한 문구를 큰
소리로 말한다.


심쿵심쿵:　　우리뇌!

하트비트:　　중요하네(뇌)!

유 to the 학생: Life(라이프)!

뇌스타일:　　두근두근!

아름다운 날개: 감정을!

꿈꾸는 구름: 표현하네(뇌)!


전열정:　　　예술은 미적인 작품을 확장하는 인간의 창조 활동으
　　　　　　로 말할 수 있어요. 잠시 여러분의 댓글이 진정한 예
　　　　　　술작품이 아닐까하는 생각을 해봤어요. 뇌는 지금,
　　　　　　이 순간에도 쉴 새 없는 미세한 화학반응에 따라 마
　　　　　　리오네트 인형의 춤처럼 인간 그리고 삶의 모든 것
　　　　　　을 승화시키고 있으니까요.


전열정, 나노력, 한미남, 한미녀는 무대에 남아있고 학생 1조는 무
대 밖으로 퇴장한다.

***

## 제3장 알 수 없네(뇌)

안내자가 무대 아래 왼쪽에 등장하여 '알 수 없네(뇌)'의 피켓을 들고 관객들을 향해 보여주고 난 후 무대 밖으로 퇴장한다. 무대에서 '째깍째깍' 혹은 '똑딱똑딱' 시계 초침 소리가 함께하는 배경음악이 흘러나온다. 마리오네트 남자인형과 여자인형을 든 조종자가 등장하여 무대 중간(가운데)과 앞쪽 사이에 자리 잡고 나노력, 전열정, 한미모, 한미남이 반원의 대형을 만들어 조종자 둘을 둘러싼다. 음악에 맞춰 마리오네트 남자, 여자인형 조종자가 대사하며 줄을 움직이면 나머지 등장인물들은 각자 성별에 따라 마리오네트처럼 팔에 줄이 매달린 듯 같이 움직이며 대사를 따라 한다. 점점 음악 소리가 작아진다.

마리오네트 남자인형 조종자: (줄로 뇌의 오른쪽을 가리키고) 우뇌와,

마리오네트 여자인형 조종자: (줄로 뇌의 왼쪽을 가리키고) 좌뇌를,

마리오네트 남자인형, 여자인형 조종자: (인형을 앉히고 줄로 오른발과 왼발을 들면 동시에 나머지 등장인물들은 아빠 다리로 자리에 앉는다.) 이어주는 다리는 뇌량.

마리오네트 남자인형 조종자: (인형을 다시 일으켜 줄로 왼손과 왼발을 가리키면 동시에 나머지 남자 등장인물들은 일어나 왼손 올리고, 왼발을 든다.) 왼손, 왼발이 움직이는 건 우뇌에서,

마리오네트 여자인형 조종자: (인형을 다시 일으켜 줄로 오른손과 오른발을 가리키면 동시에 나머지 여자 등장인물들은 일어나 왼손 올리고, 왼발을 든다.) 오른손, 오른발이 움직이는 건

좌뇌에서,

마리오네트 남자인형, 여자인형 조종자: (줄로 왼손과 오른손을 X자로 만들면 동시에 나머지 남자, 여자 등장인물들도 왼팔과 오른 팔을 겹쳐 X로 만들어 가슴 위에 댄다.) 알 수 없지만, 신 경은 언제나 반대로 흘러 신기하(왼손과 오른손으로 뇌 를 가리키며)네(뇌).

마리오네트 남자인형, 여자인형 조종자: (줄로 두 다리 걷도록 움직이 면 동시에 나머지 등장인물들도 두 다리로 제자리 걸음 한다.) 다 함께 한 계단 올라 3층으로 가보(왼손과 오른손으로 뇌를 가리키며)네(뇌).


마리오네트 남자, 여자인형 조종자 줄로 인형이 걷도록 조종하면 서 무대 밖으로 퇴장하고, 등장인물 중 한미모, 한미남이 퇴장하면 무 대 위에는 나노력과 전열정만이 남아있다.


\*\*\*

## 제4장 내 안의 예술

배경음악이 흐르면 남달리가 반 고흐의 별이 빛나는 밤의 그림을 들고 이감각은 반 고흐의 해바라기의 그림을 들고 등장한다. 나노력과 전열정이 무대 뒤에 미리 준비해 둔 소품으로 이젤을 무대 아래 오른쪽 과 무대 아래 왼쪽에 각각 놓으면 남달리와 이감각이 고흐의 그림 두 점을 이젤 위에 각각 올려둔다. 학생 2조가 무대에 등장하여 제2장의 대형처럼 적절한 거리를 두어 무대 바닥에 앉아 주머니에서 스마트폰을 꺼낸다. 학생 2조들은 각자 유튜브 닉네임이 작성된 LED 머리띠를 착용하고 있다. 음악 소리가 점차 작아지고 네 명의 등장인물이 무대 중간(가운데)에서 만나 고개 숙여 인사 나누며 강의 2부가 시작된다.

남달리, 이감각: (동시에 두 손으로 얼굴을 가렸다가 보여주는 동작을 하며) 트트트 2부의 문이 활짝!

남달리: 전 예술을 남다르게 바라보는 남달리!

이감각: 전 예술 센스가 넘치는 이감각이에요.

남달리: 2부의 강의주제는 창조하는 뇌입니다. 뇌과학으로 바라본 예술에 대한 창의적인 생각과 뇌가 우리에게 주는 삶의 지혜를 알아볼게요.

이감각: 박사님들의 1부 강의 들으며 예술뿐 아니라 뇌과학을 보는 시각도 폭넓어진 것 같아요. 이제까지 예술은 인생을 총망라하는 과학이라 여겼는데 어쩌면 과학이 예술을 낳은 것이 아닐까?하는 생각이 들었어요.

나노력: 'Life is Short, Art is Long.'이라는 말 들어보신 적 있죠?

이감각: 당연하죠. '인생은 짧고 예술은 길다.' 너무 유명한 명언이잖아요.

남달리: 우리에게 익숙한 표현이기도 하고요.

전열정: 여러분! 그럼, 이 명언을 말한 사람이 누구인지 아시나요?

상상이상부터 신세계까지 차례대로 큰 소리로 말한다.


상상이상:　　　　　　히!

나는데카 고로르트:　포!

뇌뇌선생님:　　　　　크!

좋아해반고흐:　　　　라!

사랑해반고흐:　　　　테!

신세계:　　　　　　　스!

나노력:　　네, 이 명언의 주인공은 의학의 아버지라 불리는 히
　　　　　　포크라테스입니다. 인체는 복잡하고 신기해서 짧은
　　　　　　시간에 의학을 배울 수 없고 기술을 익히려면 긴 시
　　　　　　간이 걸린다고 해석할 수 있어요.

전열정:　　여기서 'art'라는 단어를 자세히 살펴볼 필요가 있는
　　　　　　데요. 일정한 과제를 해결할 수 있는 숙련된 능력 또
　　　　　　는 활동으로의 기술을 뜻해요. 그는 의학을 예술이
　　　　　　자 기술로 바라본 것이죠.

이감각:　　박사님들의 견해를 정리하면 오늘날 미적 의미에서
　　　　　　단순하게 예술이라는 뜻이 아닌 평생 갈고 닦아야
　　　　　　하는 기술로 이해하면 좋겠어요.

남달리:　　전 박사님의 강의를 위해 자료를 찾아보며 뇌과학을
　　　　　　예습했는데요. 히포크라테스는 2,500년 전에 뇌가 지
　　　　　　능과 감정을 관장하는 곳이라고 주장했더라고요. 사
　　　　　　실인가요?

나노력: 네, 맞아요. 남달리님의 열정에 아낌없는 칭찬을 하고 싶어요. 그 이전에는 감정이나 생각이 이 심장에서 나오는 줄 알았었지요. 우리가 누군가를 좋아하거나 미워하면 심장이 두근거리기 때문에 그랬던 거죠. 하지만 히포크라테스는 감정이 심장이 아닌 뇌에서 비롯된다고 분명히 말한 장본인이에요.

전열정: 제가 1부에서 변연계를 감정의 뇌라고 설명했죠. 우리의 생각이 뇌에서 시작한다고 주장한 사람이 히포크라테스이기도 해요. 그는 지금의 신경과 의사들을 존재하게 한 훌륭한 첫 번째 스승이기도 하죠.

이감각: 그럼 두 번째 스승님도 있나요?

나노력: 네, 지그문트 프로이트는 심리학자이자 신경과 의사예요. 프로이트 박사가 만든 정신분석학 이론은 현대 의학에 큰 영향을 끼쳤어요. 이분은 인간의 마음을 초자아, 자아, 무의식적 본능의 3단계 구조로 구분했는데요. 이 이론을 바탕으로 현재 수많은 정신건강의학과 의사 선생님과 심리치료사 그리고 상담사들은 마음이 아픈 사람들을 치료하고 있답니다.

전열정: 대개 대극장의 경우 관객석이 3층으로 이뤄져 있는데요. 1층의 뇌간과 2층 변연계가 무의식적 본능이라면 지금부터 살펴볼 3층의 신피질은 초자아와 자아에 속한다고 볼 수 있어요. 그렇다면 신피질은 무슨 뇌라고 할 수 있을까요?

뇌뇌선생님: (스마트폰으로 타자를 치며) 평소 뇌과학에 관심이 있어 도서관에서 책을 읽어 본 적이 있어요. 신피질은 이성의 뇌라고 알고 있어요.

나는데카 고로르트: (스마트폰으로 타자를 치며) 1부에서 변연계를 배우와 관객의 비유로 재미있게 설명하셨는데 뇌간, 변연계 그리고 뇌뇌선생님이 말한 신피질까지 이 세 영역의 관계에 대해 더 자세히 알려주세요.

전열정: 뇌뇌선생님 말대로 신피질은 이성의 뇌인데 위치에 따라 이름이 달라요. 여러분들의 머리 앞부분을 전두엽, 머리 옆부분을 측두엽, 머리 윗부분은 두정엽, 머리 뒷부분은 후두엽이라고 말해요. 신피질은 종합적으로 인간의 사고, 판단, 이해를 하는 역할을 하고 있어 뇌뇌선생님이 말한 대로 이성의 뇌이자 인간의 뇌라고도 할 수 있죠. 또 신피질은 부위에 따라 역할도 다른데 우리의 언어, 계산, 추리, 판단 등을 담당해요. 변연계가 기본적인 감정의 뇌라면 신피질은 본능을 넘어 좀 더 사회적인 협조, 사랑이 가능해요.

나노력: 그럼 저는 나는데카 고로르트님의 질문에 대해 답변하겠어요. 관객들은 무대 위 배우들의 연기를 보며 기쁨을 느끼고 웃고 박수도 치며 즐거움에 환호성도 지릅니다. 세밀한 감정표현과 자연스러운 동작은 신피질, 변연계가 동시에 활발하게 작동하면서 뇌간에 웃음을 자아내도록 명령을 내려요. (해바라기의 그림 옆으로 가서 서고 전열정은 별이 빛나는 밤의 그림

옆에 서서) 자, 여기 빈센트 반 고흐의 대표작품으로 '별이 빛나는 밤'과 '해바라기'가 있네요. 이 그림들을 보면 어떤 생각이 드나요?

좋아해반고흐: (스마트폰으로 타자를 치며) 고흐는 왜 별, 꽃, 하늘, 나무를 화폭에 담았을까?, 전 세계에 고흐의 그림을 가지고 있는 사람은 몇 명일까?

사랑해반고흐: (스마트폰으로 타자를 치며) 고흐가 그림을 통해 말하고 싶었던 메시지, 매일 봐도 탄성이 나오는 고흐의 그림.

나노력: 네, 좋아해반고흐님, 사랑해반고흐님께서 남긴 댓글만 보더라도 반 고흐의 열렬한 팬이신 것 같네요. 그림을 보고 님이 말한 것을 마음이라고 볼 수 있는데 이 마음의 원천이 모두 뇌로부터 시작되는 것이에요. 뇌가 끊임없이 움직이면서 마음의 작용을 일으켜 여기에 알맞은 행동, 표정, 말을 하게 되는 것이죠.

이감각: 반 고흐 이야기가 나와서 하는 말인데요. 지금은 미술계의 영웅이자 천재 화가로 많은 사람에게 사랑받고 있어요. 고흐는 살아생전에 빈번한 정신질환으로 37세의 젊은 나이로 안타깝게 스스로 목숨을 끊으며 생을 마감했어요. 여기서 예술적 측면으로 바라볼 때 질문이 있는데요. 그가 겪은 정신질환과 창의성의 관계로 예술작품이 탄생한 것일까요?

전열정: 반 고흐는 조증과 우울증이 함께하는 조울증을 앓았

어요. 이 병은 기분장애의 종류로 마치 롤러코스터를 탄 듯 감정을 조절할 수가 없다는 것이 특징이에요. 조증일 때 들뜬 기분으로 들고 반대로 우울증일 때는 기분이 밑바닥까지 내려가 양극성 장애라고도 해요. 조증이 가라앉으면 무조건 우울증으로 이어지는데 불면증도 흔히 동반되죠. 환시, 환청, 망상의 복합적인 증상이 나타나며 일상생활도 어려워져요. 이런 고통에도 반 고흐는 굴복하지 않고 예술을 향한 거대한 열정을 화폭에 담았어요. 힘든 고흐를 지탱해 준 그림에 창작을 쏟아 부은 결과 우린 그것을 예술로 바라보고 있는 것이 아닐까? 하는 생각이 듭니다.

나노력: 물론 여러 연구를 살펴보면 양극성 장애가 있는 사람들이 일반인보다 예술적 창조성을 더 발휘하는 비율이 높기는 해요. 흔히 예술가의 병이라고도 말해요. 그러나 양극성 장애도 증상의 정도가 달라 이 병을 앓는 사람이 반드시 창조성이 있다고 할 수는 없어요. 어쩌면 고흐는 정신적 고통 속에서도 끊임없는 노력과 인내 그리고 그림에 대한 지칠 줄 모르는 근본적인 힘을 발휘해 예술의 새로운 세계를 창조했다고 보는 것이 더 타당하지 않을까요?

남달리: 명작 영화라 불리는 바람과 함께 사라지다, 욕망이라는 이름의 전차, 안나 카레니나의 여주인공 비비

안 리도 양극성 장애로 발작 증세까지 있었지요. 심지어 평론가들은 그저 정신병이 있는 배우로 인신공격을 했어요. 그런데 박사님들의 강의를 듣고 보니 고통스러운 증상을 겪으면서 작품에서 열연한 비비안 리야말로 창조적인 뇌를 가진 진정한 배우라는 생각이 드네요.

나노력:   처음 강의를 시작하면서 제가 여러분께 드린 말씀을 기억하나요? 이제 왜, 뇌이고 왜, 예술인지에 대한 해답을 구했는지 다시 묻고 싶네요.

상상이상:   (스마트폰으로 타자를 치며) 1부보다 더 큰 이벤트로 박사님들께 감동을 드릴게요.

신세계:   (스마트폰으로 타자를 치며) 신기한 뇌, 창조하는 뇌가 만든 마음을 선물할래요.


상상이상부터 신세계까지 차례대로 큰 소리로 말한다.


상상이상:            이성이!

나는데카 고로르트:     생각하네(뇌)!

뇌뇌선생님:           뇌과학!

좋아해반고흐:         예술이네(뇌)!

사랑해반고흐:         오, 정말!

신세계:              신비롭네(뇌)!

남달리: (거수경례하며) 나노력, 전열정 박사님의 강의를 듣고 나니 지금도 열심히 마음 운동 중인 제 뇌에 감사의 인사라도 해야겠어요.

이감각: 전 앞으로 태극기를 향해 경례할 때도 손을 심장에 올리지 말고 뇌에 대고 인사할게요. (거수경례하며) 이렇게요.

남달리: 마지막으로 박사님들께서 시청자분들께 들려주고 싶은 노래가 있다고 합니다.

이감각: 음악의 어머니인 헨델의 메시아라는 곡이에요. 헨델 역시 반 고흐처럼 양극성 장애를 앓았다고 하네요. 이 곡을 단 24일 만에 작곡한 엄청난 음악적 재능을 선보였지요.

남달리: 그럼, 중학교 음악 교과서에도 실린 메시아의 할렐루야를 감상하며 트트트 2부를 마치겠습니다. 두 박사님, 수고 많으셨어요.

이감각: (관객들에게 고개 숙여 인사하며) 명강의였어요. 감사합니다.

전열정, 나노력: (고개 숙여 인사하며) 감사합니다.


무대에 클로징(커튼콜) 음악이 흘러나오면 인형 없이 마리오네트 남자, 여자인형 조종자가 등장해 무대 앞에 선다. 무대에는 전열정, 나노력, 남달리, 이감각, 학생 2조, 마리오네트 남자, 여자 조종자가 있고 2명씩 짝을 이루어 6개의 조로 편성하고 서로 마주하고 마치 거울 속 자신을 보고 있듯이 기쁨, 슬픔, 설렘, 부끄러움, 무표정, 공포의 감정이 내포된 가면을 쓰고 동일한 몸짓을 표현한다. 음악 소리가 작아지면 크고 작은 소리로 Art in the Brain를 중얼거린다. 관객석을 향해 무대 앞쪽에서 가로로 서서 자신이 착용한 가면에 해당하는 감정표현의 몸짓을 정지 동작으로 보여준다. 다 함께 동시에 Art in Me를 큰소리로 외친다. 안내자가 무대 중간(가운데)에 등장하여 '내 안의 예술'의 피켓을 위로 높게 들고 관객들을 향해 보여준다. 막이 내린다.

# 저자소개

황소연(soyeonhwang84@gmail.com)

저자는 유년 시절부터 문화예술을 좋아하시는 부모님의 영향으로 발레, 피겨스케이트, 영화관람, 백일장 대회 입상, 그림그리기 및 만들기, 음악감상 등의 다채로운 예술교육을 경험하였다. 고등학교 시절 윌리엄 셰익스피어와 안톤 체호프의 작품을 탐독하며 연극의 매력에 흠뻑 빠져들게 된다. 서울종합예술실용학교 연극학과를 졸업하고 동덕여자대학교 공연예술대학 방송연예과를 수석으로 졸업하였다. 동 대학원 연극치료학과에서 석사학위를 취득한 후 현재 세종대학교 일반대학원 공연예술학과 박사과정을 밟고 있다. 대학 재학 시절 연기예술을 공부하는 학생이자 주로 아동극, 가족 뮤지컬 배우로 활동하며 자연스럽게 아동, 청소년 교육에 관심을 두고 연기교육자와 아동·청소년극 공연예술지도자의 행로를 걷게 된다. 연극학에서 파생된 연극치료학을 접하며 프로이트와 융에 매료되어 뇌의 작동으로 이뤄지는 인간의 원초적인 심리와 감정의 원리를 지속적으로 탐구하였다. 다년간 연극예술과 심리를 융합한 아동, 청소년의 연기교수법을 자체 개발해 초·중·고를 비롯한 사회복지관, 비영리 교육기관에서 공연예술지도자, 교육연극강사, 연극예술강사, 연극치료사, 스피치강사로 12년째 활동하고 있다. 한국교육연극학회 정회원이고, 국민대학교 콘서바토리 미디어연기과에서 연극치료 강의를 맡아 외래교수로 재직 중에 있다.

또한 저자는 대한뇌졸중학회 SCI 국제학술지 『Journal of Stroke』의 Managing editor, 삼성서울병원 신경과 방오영 교수 개인연구원, 서울아산병원 신경과 뇌졸중센터 IRB[No.2017-0269] 연구과제에 참여한 연극치료 임상연구원의 이색 이력의 소유자이기도 하다. 특히 『Journal of Stroke』는 매년 톰슨 로이터에서 발표하는 Impact Factor가 최근 3년 이내 평균 6.5가 넘는 국제저명학술지이다. 10년간 Managing editor로 근무하며 투고부터 출판 이후까지의 체계적인 심사과정과 편집의 비결을 구축하여 공로를 인정받았고 세계적인 뇌과학 석학들의 논문을 보며 신경과학의 지식을 부지런히 쌓아왔다. 전문적으로 연기교육을 지도하고 대상자(참여자, 내담자)를 정확히 이해하고자 문화예술교육사 2급, 브레인트레이너, 사회복지사 2급, 청소년지도사 2급, 연극심리지도자 1급, 통합예술심리지도사 1급, NLP 스트레스 치유사 1급, 심리상담사 2급, 프레젠테이션 스피치 1급, 독서논술지도자 1급, 동화구연지도사 1급, 학교폭력 예방상담사 1급, 진로적성상담사 1급, 진로직업상담사 1급, 인성지도사 1급, SNS 마케팅 전문가 1급의 국가 및 민간 자격증을 취득하였다.

앞으로 만나게 될 아동·청소년들은 누구이며, 그들에게 연극은 어떤 기억으로 남게 될까요? 저자는 지금 이 순간도 학생들과 연극하는 날을 기다리며 설렘 가득한 연극 여행 중이다.

아동·청소년의 연극공연을 위한 지도방법과 극본집
하나되고 소통하는 연극 만들기

초판발행 　　2022년 3월 5일

지은이 　　　황소연
펴낸이 　　　노　현

편　집 　　　전채린
기획/마케팅 　조정빈
표지디자인 　이현지
제　작 　　　고철민·조영환

펴낸곳 　　　㈜ 피와이메이트
　　　　　　서울특별시 금천구 가산디지털2로 53, 210호(가산동, 한라시그마밸리)
　　　　　　등록　2014. 2. 12. 제2018-000080호
전　화 　　　02)733-6771
f a x 　　　02)736-4818
e-mail 　　　pys@pybook.co.kr
homepage 　　www.pybook.co.kr
ISBN 　　　　979-11-6519-244-0　93680

정　가 　　　20,000원

박영스토리는 박영사와 함께하는 브랜드입니다.